120 DIAS de CORONA

UM DIÁRIO ESCRITO NOS MESES DECISIVOS DA PANDEMIA E DA MAIOR TRAGÉDIA BRASILEIRA DA HISTÓRIA

120 DIAS de CORONA

Leandro Franz

UM DIÁRIO ESCRITO NOS MESES DECISIVOS DA PANDEMIA E DA MAIOR TRAGÉDIA BRASILEIRA DA HISTÓRIA

Copyright © 2022 by Editora Letramento
Copyright © 2022 by Leandro Franz

Diretor Editorial | **Gustavo Abreu**
Diretor Administrativo | **Júnior Gaudereto**
Diretor Financeiro | **Cláudio Macedo**
Logística | **Vinícius Santiago**
Comunicação e Marketing | **Giulia Staar**
Assistente de Marketing | **Carolina Pires**
Assistente Editorial | **Matteos Moreno e Sarah Júlia Guerra**
Designer Editorial | **Gustavo Zeferino e Luís Otávio Ferreira**

Todos os direitos reservados.
Não é permitida a reprodução desta obra sem
aprovação do Grupo Editorial Letramento.

Dados Internacionais de Catalogação na Publicação (CIP) de acordo com ISBD

F837c	Franz, Leandro
	120 dias de corona: um diário escrito nos meses decisivos da pandemia e da maior tragédia brasileira da história / Leandro Franz. - Belo Horizonte, MG : Letramento, 2022.
	222 p. ; 15,5cm x 22,5cm.
	ISBN: 978-65-5932-144-5
	1. Literatura brasileira. 2. Pandemia. I. Título.
2022-232	CDD 869.8992
	CDU 821.134.3(81)

Elaborado por Vagner Rodolfo da Silva - CRB-8/9410

Índice para catálogo sistemático:
1. Literatura brasileira 869.8992
2. Literatura brasileira 821.134.3(81)

Belo Horizonte - MG
Rua Magnólia, 1086
Bairro Caiçara
CEP 30770-020
Fone 31 3327-5771
contato@editoraletramento.com.br
editoraletramento.com.br
casadodireito.com

Grupo
Editorial
LETRAMENTO

AGRADECIMENTOS

Dedicado a todos que passaram esse difícil período sem sair de casa – quando era possível.

Agradecimentos especiais aos que curtiram, comentaram e compartilharam dessa experiência tão intensa:

Abner Freitas, Adriana Toshie Hirota, Aline Almeida, Amanda Bendia, Amelia Sá e Silva, Ana Carolina Dal Zotto, Ana Carolina Meirelles, Ana Cláudia Vilela de Oliveira, Ana Lemke, André Pacano, Andre Nascimento, Andre Paganella, André Gröndahl, Andréa Luna, Andreza Festi, Ângela Ferreira, Ani Zoccoli, Ariana Clausen, Beatriz Vasconcellos, Bruna Elemental, Bruno Tinoco, Caio Buzatto, Camila Passatuto, Cammila Yochabell, Carolina Barros, Carolina Lemke Moreira, Carolina Mattos, Cavi Borges, Celia Foja, Christianne Lemke, Christina Bespalez, Claudia Telles, Claudia Wer, Claudio Bertoli, Cristiane Barcelos, Cristiane Seraphim, Cristiane Oliveira, Cristina Santos, Dalva Maria Rodrigues, Daniela Petita, Debbie Hansen, Débora Demônico, Deborah Benelli, Denize Ferrari, Diogo Fabricio, Douglas Chaves, Elder Coelho, Elodie Hue, Eury Donavio, Expedito Araujo, Fábio Luz, Fabíola Lago, Fernando Ceglio, Flávia Miranda Oleare, Gaby Valerie, Giana Telles, GTO, Girlene Silva, Gislaine Zago, Gizella Langa, Gloria Regina Jacob, Guilherme Teixeira, Gustavo Lóes, Gustavo Zapelini, Helena Rangel, Isadora Kohatsu, Ivanna Fabiani, Janaina Dunder, Jean Bodin, João Ambrósio, João Franz, João Paulo Marangon, Ju Luz, Juh Silva, Juliana Viotto, Julio CT Thomaz, Karina Miranda, Larisse Maria, Leo Garcia, Liliana Telles, Luana Almeida, Lucas Favaro, Luciane Slomka, Luis Quintiliano,

Luiz Augusto Telles, Luiz Biajoni, Luiz Fernando Alves Ferreira, Luiza Telles, Magnus Brasil, Manoela Vieira, Marcella Carazato, Marcelo Guerra Rausis, Marcos Guariso, Maria Clara Nascimento, Mariana Santos, Marinez Jesus, Mário Henrique Santos, Mariza Fleury, Mauricio Da Costa Pereira, Mayara Moura, Michel Fernandes, Michele Milaré, Michelle Mariana, Mileny Pinheiro, Monica Veloso, Natalia Rabinovitch Szyfman, Neide Aparecida Cesco Fleury, Nely Maria Lehm, Nina Oliveira, Nina Pamplona, Paula Liberati, Paula Telles Oliveira, Paulo Roberto Lemke, Rafael Király, Rafael Presto, Raphaela Klinke, Regiane Teles, Renata Curcio, Renata Stadter de Almeida, Renato Santos, Riabe Soto, Rivaldo Miliss, Rodrigo Isaias Vaz, Rosangela Luiza Cavalli, Scheila Montelli, Sergio Reis Alves, Sergio Saffi Marques, Simone Manfio, Sonia Satie, Stella Buzatto, Sueli Prado, Tchello Ferraz, Teresinha Ferrari, Thabata Rosini, Thomas Hannickel, Valkiria Thomaz Gomes, Vaninha Coan, Vivi Oliveira, Viviane Tella, Walmyr Buzatto, William Morishigue, Wilson Gorj, Yunisso Queha, Ze Alex Oliva Jr.

Alguns comentários de leitores queridos ao final do diário:

"Estou sinceramente emocionada. Apesar de saber, acho que estou triste pelo fim... afinal, este diário foi meu companheiro durante a pandemia. Eu o esperava ansiosamente e em alguns dias entrava várias vezes para ver se já estava aqui."

"Puxa, vou sentir falta do diário. Vou ficar esperando o livro!"

"Leandro, seu diário fez com que meus dias tivessem esperança. Esperança de que teríamos um 'final feliz' como nos contos de fada..., mas vivemos uma dura realidade e nem final temos no horizonte."

"Não acaba."

"Simplesmente nem sei o que dizer, talvez você não saiba a falta que esse diário irá fazer. Comecei a lembrar 'do atum do gato', 'estrogonofe', 'lista de mercado', 'os nomes dados ao louco' etc... a lista não tem fim. Vou sentir muita falta! Pense em, de alguma forma, manter o contato. Já estou com saudades, mas feliz por você ter concluído, embora sem final feliz, o seu diário."

"Foi um prazer acompanhar e compartilhar o diário. Muito obrigada pela leitura enriquecedora. Ficará um vazio. Ficará também a esperança de dias melhores."

"Seu diário fará muita falta. Obrigada por compartilhar seu talento. Obrigada pelo tanto de emoções vividas em seus textos. Obrigada por dar esperança."

"Fizeram os meus dias não serem tão iguais quando publicavas! E pude me manter na ignorância das notícias sabendo que teria, à noite, um resumo mais *light*. Agora então, até o fim desses dias, preciso encontrar outra forma de sair da bolha sem que ela estoure (para o bem da minha sanidade mental e dos meus filhos).

Obrigada por compartilhar com a gente!!!"

"Leandro, também sentirei muita falta da leitura do diário. Imagino o quão exausto vc está, mas preciso dizer que foi muito bom poder contar com esse resumo todos os dias. Não tenho dúvidas que seu livro será um sucesso."

"Não termine com este diário, pleaseeeee! Bom demais para ter um fim."

"Faço parte do coro contra o fim do diário! Foi informação e acalento para o coração!"

"Foi muito bom! Sentirei falta do diário."

"Parabéns, Lê!! Belíssimo trabalho!"

"Foi incrível! E fará falta. Tenho certeza de que terei teu livro, e lerei ele lembrando de cada dia."

"Gostei demais desse diário. Parabéns por tanta dedicação e zelo. Só imagino o traaaampo, mano que trabalheira. Te entendo mesmo por querer encerrar, mas todos nós vamos sentir falta."

"Adorei e li todos os dias que pude em tempo real! Vou sentir falta! Parabéns pelo trabalho, aguardo o livro!"

"Leandro, muito obrigada! O seu diário e eu fomos companheiros fiéis nesses dias tão estranhos. Era um dos meus poucos momentos bons parar para lê-lo. Uma pena ele terminar antes dessa nossa agonia!"

"Obrigada pelo diário, Leandro. Nos fará muita falta. Tinha dias em que só entrava no Face para lê-lo."

"Mas esse diário não pode acabar não... ele é mto bom!!! Estica aí, Lê!!!"

"Foi incrível! Muitos dias evitei notícias e redes para evitar a ampliação do estresse e o diário foi a fonte de atualização no final de cada dia. Obrigada por isso e parabéns!"

"Orgulho de ver e ler tantos comentários relatando o prazer da leitura do seu diário e, ao mesmo tempo, vem a tristeza da triste realidade que estamos passando que não acaba mais... e por isso você não pode mais continuar – frustração... situações muito frustrantes! Também sentirei falta como todos – era o meu 'resumão' preferido."

"Leandro, gostei muito de seu diário, li todos os *posts* e *prints*. E, apesar do triste tema, adorei as doses de humor lançadas em alguns momentos! Afinal, ninguém é de ferro, e só assim pra conseguir acompanhar um 'tsunami' desses. Vlw!"

"Obrigada por esse diário, só usei ele como fonte de notícia confiável, como gestante e agora puérpera evitei acessar sites brasileiros pelo bem da minha saúde e da minha filha."

"Foi realmente um prazer, em meio a tanta desgraça, ler seu diário. Em momentos que eu já não podia mais ver/ler notícias, seu resumo era o que me mantinha informada na medida certa. Parabéns e ansiosa pelo livro já. Obrigada!"

SUMÁRIO

11	**PREFÁCIO**	44	30 DE MARÇO	72	17 DE ABRIL
15	**MARÇO**	45	31 DE MARÇO	74	19 DE ABRIL
15	11 DE MARÇO	47	*ALGUNS TUÍTES E MEMES COMPARTILHADOS NO MÊS DE MARÇO*	76	23 DE ABRIL
16	12 DE MARÇO			78	24 DE ABRIL
17	13 DE MARÇO			79	26 DE ABRIL
18	14 DE MARÇO	48	**ABRIL**	80	27 DE ABRIL
20	15 DE MARÇO	48	1 DE ABRIL	81	28 DE ABRIL
21	16 DE MARÇO	49	2 DE ABRIL	82	29 DE ABRIL
22	17 DE MARÇO	50	3 DE ABRIL	84	30 DE ABRIL
24	18 DE MARÇO	52	5 DE ABRIL	85	*ALGUNS TUÍTES E MEMES COMPARTILHADOS NO MÊS DE ABRIL:*
26	19 DE MARÇO	54	6 DE ABRIL		
28	20 DE MARÇO	56	7 DE ABRIL		
30	21 DE MARÇO	58	8 DE ABRIL	86	**MAIO**
30	22 DE MARÇO	59	9 DE ABRIL	86	1 MAIO
32	23 DE MARÇO	61	10 DE ABRIL	87	2 DE MAIO
33	25 DE MARÇO	62	12 DE ABRIL	89	3 DE MAIO
35	25 DE MARÇO	64	12 DE ABRIL	90	4 DE MAIO
37	26 DE MARÇO	66	13 DE ABRIL	91	5 DE MAIO
39	27 DE MARÇO	67	14 DE ABRIL	93	6 DE MAIO
41	29 DE MARÇO	69	15 DE ABRIL	93	7 DE MAIO
42	29 DE MARÇO	71	16 DE ABRIL	95	8 DE MAIO

97	10 DE MAIO	136	3 DE JUNHO	176	7 DE JULHO
98	11 DE MAIO	139	04 DE JUNHO	178	8 DE JULHO
99	12 DE MAIO	142	5 DE JUNHO	183	**EPÍLOGO 1**
102	13 DE MAIO	142	7 DE JUNHO	183	7 DE AGOSTO
103	14 DE MAIO	146	8 DE JUNHO	187	**EPÍLOGO 2**
105	15 DE MAIO	147	9 DE JUNHO	187	15 DE OUTUBRO
107	18 DE MAIO	150	10 DE JUNHO	191	**POSFÁCIO: 12 BREVES NOTAS SOBRE 120 DIAS**
109	19 DE MAIO	151	11 DE JUNHO		
111	20 DE MAIO	153	12 DE JUNHO		
111	21 DE MAIO	154	14 DE JUNHO	194	FIM...
113	22 DE MAIO	157	15 DE JUNHO	194	... DA PRIMEIRA ONDA
114	23 DE MAIO	158	16 DE JUNHO		
123	26 DE MAIO	160	17 DE JUNHO	196	**PANDEMIA, ANO DOIS:**
125	27 DE MAIO	162	18 DE JUNHO		
126	28 DE MAIO	165	ALGUNS TUÍTES E MEMES COMPARTILHADOS NO MÊS DE JUNHO:	196	15 DE JANEIRO DE 2021
128	29 DE MAIO			198	14 DE FEVEREIRO DE 2021
131	31 DE MAIO				
133	ALGUNS TUÍTES E MEMES COMPARTILHADOS NO MÊS DE MAIO:	166	**JULHO**	199	5 DE MARÇO DE 2021
		166	2 DE JULHO	200	11 DE MARÇO DE 2021
		168	3 DE JULHO		
134	**JUNHO**	169	4 DE JULHO	201	12 DE JULHO DE 2021
134	1 DE JUNHO	173	5 DE JULHO		
136	2 DE JUNHO	174	6 DE JULHO	203	**NOTAS DE FIM**

PREFÁCIO

Este diário foi escrito e publicado num período de 120 dias, de 11 de março a 8 de julho de 2020. Comecei o registro pensando que duraria poucas semanas. Fui muito otimista. Já passamos mais de um ano em isolamento.

O diário começa mais leve, ainda em ritmo de pós-carnaval. Depois passa à angústia de ver o tsunami chegando e à raiva contra o negacionismo presidencial. A montanha-russa de eventos incluiu panelaços, quarentenas, desabastecimento de papel higiênico e papel-moeda, defuntos nas ruas, UTIs colapsadas, hospitais de campanha, protestos globais, esperança com *impeachment*, memes, *lives*, *home offices*, *circuit breakers*, *lockdowns*, falências, *reprises*, demissões de ministros, bravatas, filas para auxílio emergencial, desesperança com *impeachment*, fechamentos dos espaços aéreos, escolas, competições esportivas e até da gravação de novelas da Rede Globo.

Este livro serve como um registro histórico do (des)governo durante esses primeiros meses críticos, principalmente no Brasil e nos EUA, os dois países mais afetados pela tragédia até aqui. Como essa crise evoluiu e cresceu tanto? Quais os erros e acertos nas diferentes regiões do mundo?

Também servirá de recordação para, em leituras futuras, relembrarmos o dia a dia de uma pandemia, as mudanças de humor e de medo, as esperanças que surgiam e eram destruídas por novas notícias ruins naquele início caótico, quando o mundo teve de frear bruscamente. Como nos comportamos contra um inimigo invisível tão mortal? Como evitar os mesmos erros no futuro?

Uma nova pandemia deve surgir nos próximos dez ou vinte anos – no último século foram quatro. Com o planeta cada vez mais

conectado, aprender com a história deixa de ser apenas importante, passa a ser essencial.

Antecipando a principal lição: negacionismo científico mata. E muito.

DE MARÇO A JULHO

MARÇO

11 DE MARÇO

DIA 1

OMS declara pandemia global do coronavírus.

A primeira morte foi no dia 1º de janeiro, na China. A primeira fora da China foi no dia 2 de fevereiro, nas Filipinas.

A primeira morte na Europa se deu na França, no dia 14 de fevereiro.

Dia 29, a primeira nos EUA.

Estamos em 11 de março e, oficialmente, numa pandemia.

São 126 mil infectados no mundo e quase 5 mil óbitos.

A história de um casal de 90 anos, juntos há 60, viraliza. Ele preso em quarentena com outros idosos infectados; ela, do outro lado da janela, tentando alguma comunicação.

Os EUA fecham o espaço aéreo para aviões vindos da Europa.

O presidente Bolsonaro declara: ***"Obviamente temos no momento uma crise, uma pequena crise. No meu entender, muito mais fantasia, a questão do coronavírus, que não é isso tudo que a grande mídia propala ou propaga pelo mundo todo."***[1]

Nas redes sociais, os memes, que já correm aos milhares desde janeiro, começam a se misturar com notícias e artigos sobre a seriedade do problema.

Como sempre, surgem diversas teorias de conspiração: a China teria iniciado tudo pra instalar o comunismo no mundo; as farmacêuticas que espalharam o vírus em busca de lucro; ou, a mais curiosa, tudo foi criado pelas mídias sociais para manipular o mercado financeiro, pois o vírus na verdade nem existe.

12 DE MARÇO

DIA 2

A economia mundial derrete.

A Bolsa brasileira sofre 2 *circuit breakers* no mesmo dia – algo inédito, e quase chegou no terceiro.

O Banco Central dos Estados Unidos (FED) anuncia que injetará 1,5 trilhão de dólares na economia, mas não consegue impedir a queda histórica – a maior desde 1987. Em média, as bolsas já caíram em torno de 30% – também por outros motivos. Projeções para a economia global não param de serem revisadas para baixo.

Uma notícia boa: China e Coreia parecem ter estabilizado na velocidade de crescimento das contaminações.

Na Itália, com quase metade do país em quarentena, chegam notícias de gente vivendo com defuntos em casa, pois não podem sair, nem há serviço suficiente para levar os cadáveres.

A falta de turistas causa uma cena surreal: um caos com os macacos urbanos na Tailândia. Em um vídeo, em torno de 60 deles, disputam violentamente uma única banana na calçada.

Eventos, shows, feiras, convenções, F1, NBA, campeonatos de futebol pelo mundo são cancelados pelo mundo.

O dia que a Terra parou, do Raul Seixas, parece ter previsto o que está por vir.

Tom Hanks e presidente do Canadá confirmam estarem contaminados. Um assessor do presidente Bolsonaro também.

Tirei uma foto bonita do meu gato, contra o sol, na janela do apartamento. Ele parece não se preocupar com tudo que se passa lá fora.

13 DE MARÇO

DIA 3

Hoje é sexta-feira 13.

O filho do presidente Bolsonaro informa à Fox News que seu pai está com coronavírus. Depois nega e afirma ser *fake news* da imprensa. O repórter o desmente e mostra as mensagens trocadas. O filho do presidente insiste que nunca falou o que falou.

O prefeito de Miami, que se encontrou com Bolsonaro há poucos dias, confirmou também estar contaminado.

O presidente Trump, que também esteve no encontro na Flórida, se diz preocupado. Depois afirma estar tranquilo.

O epicentro da pandemia passa a ser a Europa, que hoje registra um número maior de casos por dia do que todo o resto do mundo.

Uma notícia boa: o primeiro contaminado no Brasil, que voltou de viagem à Itália em 25 de fevereiro, está curado. Foi na terça de carnaval que o país descobriu que também tinha o vírus. Os blocos continuaram, "porque a festa não pode parar", segundo os foliões.

Empresas aéreas, de turismo e de eventos estão sofrendo – e algumas falindo – de maneira generalizada com devoluções e cancelamentos.

Todos os eventos, internos ou externos, com grandes grupos de pessoas, são proibidos em SP e no RJ sem previsão de retorno.

Mais de 400 milhões de alunos estão com aulas suspensas no mundo. A Netflix vai bater todos os recordes de audiência.

14 DE MARÇO

DIA 4

"Do me a favor, speed it up, speed it up",[2] foi o pedido do presidente americano à comunidade científica.

O mesmo presidente que nega o aquecimento global e é simpático ao criacionismo. Dado que o método científico é o mesmo, difícil entender como acredita em vacinas. Agora é tarde para gritar *"make vaccines great again"*.

Os campeonatos de futebol tiveram rodada hoje sem público, sem fotógrafos nem radialistas. Assistir São Paulo *x* Santos num Morumbi vazio é mais uma experiência estranha nesses dias estranhos.

O sábado parece mais tranquilo. As redes sociais reduziram a intensidade, exceto por cenas de supermercados vazios dos EUA, sendo compartilhadas como se fossem do Brasil – não que aqui também não tenha gente entrando em pânico e estocando comida e água, mas parece ser minoria.

A Apple anuncia que fechará todas as suas lojas por duas semanas, até 27 de março.

Fomos almoçar ao ar livre com amigos tentando conversar à distância, mas a música alta atrapalhava. A despedida foi com tchauzinhos de longe – em alguns, a saudação foi tradicional, falhamos.

A grande polêmica é se deve haver senso de urgência nas medidas drásticas de isolamento social ou não.

Uma reportagem do *El País* resume o drama:

> O novo coronavírus infectou em pouco mais de dois meses pelo menos 125.000 pessoas e matou mais de 4.700, a maior parte delas com idade avançada e outras doenças, como hipertensão e diabetes. Calcula-se que o vírus infectaria 60% da população mundial no pior dos cenários. As atuais estimativas sugerem que 80% dos casos seriam leves ou inclusive sem sintomas, mas haveria outros 15% em estado mais grave, que exigiram oxigênio, e outros 5% em situação crítica, com necessidade de intubação em UTI. Entre 0,3% e 1% dos afetados morreriam.[3]

A conclusão: quem está fora do grupo de risco não precisa ter medo de morrer. A maioria só terá um resfriado. O que devem ter cuidado é de não disseminar. Como a contaminação é muito rápida e exponencial, todos levarão o vírus àqueles que estão nos grupos de risco. Um pico muito alto de pessoas infectadas ao mesmo tempo esgota o sistema de saúde, e a bola de neve de caos se instala, como vimos na China e na Itália.

Na China, pelo menos, construíram um hospital com mais de mil leitos em dez dias. Aqui, se bobear, em dez dias o presidente faz dez exames – já vai para o terceiro.

Outras áreas do Estado – economia, saúde, estados e municípios – estão diariamente se mexendo. Mais Médicos foram convocados e governo direcionará 5 bilhões de reais para leitos e tratamentos. Também existe um plano de redução imediata de impostos, pagamento antecipado do 13º e outras medidas para injetar ânimo na economia devagar-quase-parando.

Dois brasileiros que não desistem nunca fugiram de suas quarentenas e foram perseguidos pela polícia.

Cuba parece ter a vacina, segundo diversos sites sem muita pesquisa. Estamos salvos.

Assistimos na Netflix ao tão falado episódio "A próxima pandemia" da série *Explicando*. Foi lançado em novembro de 2019, é curtinho e vale cada minuto.

15 DE MARÇO

DIA 5

Primeiro domingo da pandemia e o paredão do BBB nunca foi tão perigoso. É melhor se manter na casa confinado e concorrendo a 1 milhão.

A feira aqui ao lado de casa estava normal. Os mercados também. Não há desabastecimento no bairro.

A Itália oficialmente desiste de tratar infectados acima de 80 anos. A prioridade será para outros com maior chance de recuperação.

Dobram o número de mortes na Espanha em 24h – agora somam quase 300.

São 60 milhões de italianos e 46 milhões de espanhóis em quarentena no momento.

Fronteiras na Europa serão fechadas amanhã.

Uma especialista explica que alguém infectado pode levar 3 semanas para desenvolver os sintomas.

Aqui no Brasil, manifestantes contra o Congresso e a Constituição vão às ruas. O presidente Bolsonaro compartilha diversas fotos e vídeos comemorando. Inclusive, sai do isolamento para cumprimentar manifestantes.

Um casal com coronavírus, no Rio de Janeiro, mantém uma empregada refém. Ela ainda não está infectada, mas tampouco dispensada do trabalho.

Exame de Trump deu negativo, ele não terá um filho de Bolsonaro.

A vacina de Cuba era *fake*. Ainda não estamos salvos.

Missas no Santuário de Aparecida são suspensas. Igrejas organizam *streaming* para continuar salvando seus fiéis.

A mania continua sendo passar algumas horas por dia pesquisando e vendo vídeos sobre pandemias.

Minha mãe não quer cancelar a ida a um curso daqui duas semanas: quatro dias de palestras fechadas com outras 150 pessoas. Já tentei convencer de todas as formas, mas alguns idosos são teimosos. Ela insiste que preciso tomar vitamina D.

Meu gato passou o domingo dormindo. Assim como faz também de segunda a sábado.

Hoje foi dia de moqueca capixaba num restaurante ao lado de casa.

16 DE MARÇO

DIA 6

O efeito borboleta que está derretendo o mundo: um chinês parece que comeu uma sopa de morcego em dezembro e agora em março o mundo parou.

Até a Globo parou. As gravações das novelas foram suspensas e provavelmente teremos *Vale a pena ver de novo* no horário nobre. Globo Esporte foi cancelado também.

O FED zerou os juros reais nos EUA – faz duzentos anos que se pergunta quando esse dia iria chegar, e chegou –, além de disponibilizar um programa econômico de US$ 700 bilhões. Essas medidas extraordinárias foram anunciadas ontem à noite, pleno domingo.

Também, ontem à noite, em entrevista à CNN, Bolsonaro insinuou uma conspiração e pediu a volta do futebol para a alegria do povo:

> *Tivemos vírus muito mais graves que não provocaram essa histeria. Certamente tem um interesse econômico nisso. [...] Você cancelar jogos de futebol contribui para o histerismo. A CBF poderia pensar em vender uma carga de ingressos de acordo com a capacidade dos estádios. Porque cancelar não vai conter o vírus. A economia não pode parar. Vai gerar desemprego.*[4]

Hoje, pela quinta vez em duas semanas, a Bolsa cai mais de 10% e aciona o *circuit breaker*. Já existem previsões de crescimento zero do Produto Interno Bruto (PIB) – há uma semana, eram acima de 2%.

São quase 7 mil mortes até o momento. Em 2002, a epidemia da Síndrome respiratória aguda grave (SARS) – irmãozinho do Covid-19, com 96% do mesmo código genético – matou menos de mil pessoas e não chegou ao Brasil. O preço do álcool gel subiu 300%.

Todos estão sendo incentivados a fazer *home office*, mas e quem não possui essa possibilidade?

De manhã, surgiu a notícia que Israel tinha desenvolvido a vacina. Estávamos salvos! À tarde, o governo israelense desmentiu.

Na Califórnia, filas para comprar armas já dobram um quarteirão.

O clima parece aquela ansiedade antes de um tsunami, quando a água se afasta da costa, fingindo estar tudo bem. Mas o RNA que contaminou o chinês lá no início continua se replicando e surfando à toda velocidade.

E pensar que o ano começou com todos temendo uma Terceira Guerra Mundial, após os EUA matarem o chefe da Guarda Revolucionária do Irã.

17 DE MARÇO

DIA 7

Aconteceu.

Hoje tivemos a primeira morte no Brasil. Exatamente três semanas após a terça-feira de carnaval, quando veio a notícia do primeiro infectado em São Paulo.

Algumas igrejas resistem em fechar templos. O Bispo Edir Macedo diz que vírus é estratégia do demônio.

Já faltam materiais para teste do vírus em hospitais.

Um plano do ministro Paulo Guedes injetará R$ 150 bilhões na economia em três meses.

Não era lenda urbana, existe uma corrida aos mercados para estocar comida, papel higiênico e ração para *pets*.

Ontem, houve mais de mil fugas em presídios de São Paulo. Ronaldinho Gaúcho, preso há uma semana no Paraguai, fez dois gols lá dentro.

Os participantes do BBB foram informados da pandemia aqui fora e estão mais desesperados em não ir ao paredão.

Hoje, peguei metrô para ir ao escritório. Estava menos lotado, mas ainda cheio. Fui me equilibrando e consegui não tocar em nada, mas óbvio que pouco adianta se alguém tiver infectado no vagão. Pelo menos, treinei surfe. Percebi que outros também tentavam se equilibrar – ou pode só ter impressão minha –, mas deve ser tendência e o metrô poderia começar a reduzir o número de paradas bruscas.

Americanos correm aos bancos para sacar dinheiro. Já existe limite para saques.

EUA iniciam testes de nova vacina em humanos, serão 42 voluntários.

Espanha estatiza hospitais para garantir tratamento aos doentes.

A França impõe quinze dias de quarentena obrigatória para toda a população a partir de hoje. Um grupo de cientistas, segundo o jornal *Le Monde*, projetou até meio milhão de mortes no país se medidas preventivas não fossem adotadas.

Por aqui, após participar das manifestações no domingo e apertar a mão de aproximadamente 200 pessoas, Bolsonaro faltou ontem a uma reunião com líderes sul-americanos para ação coordenada entre os países. Também não foi a outra reunião emergencial entre os Três Poderes – com líderes do Judiciário, Câmara e Senado.

Hoje, chamou de histeria de novo e disse que seu aniversário é uma data mais especial do que a saúde dos convidados e da população: ***"Eu faço 65 [anos] daqui a quatro dias. Vai ter uma festinha tradicional aqui. Até porque eu faço aniversário dia 21 e minha esposa dia 22. São dois dias de festa aqui."***[5]

Ex-aliados de Bolsonaro dizem que ele deve ser afastado, além de fazer um exame de sanidade mental. Diversas colunas na mídia começam a citar a necessidade de *impeachment*. Aliás, foi protocolado, hoje, um pedido, que ficará na manga.

No almoço, restaurante por quilo vazio, as conversas eram monotemáticas. Difícil outro tema entrar na pauta.

Escrevendo esse diário no metrô, deixei passar a estação e agora tenho que voltar.

18 DE MARÇO

NOITE DO DIA 8

Nova atualização complementar, porque tem muita coisa acontecendo, ou é overdose de notícias mesmo.

O filho de uma amiga, de apenas dois anos, falou para seu tio que saía para ir ao mercado: "Titio, não sai, o coronavírus vai te pegar."

Mercados estão limitando quantidades vendidas por cliente. Prateleiras vão se esvaziando. Fizemos compras – pra uma semana, sem grande estoque.

Academias e shoppings começaram a serem fechados. Sala de casa virou local para flexões e abdominais. As áreas comuns aqui do prédio estão bloqueadas. No elevador, um pedido para poucas pessoas entrarem juntas por vez.

A previsão do tempo e as atualizações sobre o trânsito já não fazem mais sentido.

O Facebook ainda não criou o botão "estou seguro" contra essa tragédia.

Donos de cães não conseguem explicar o motivo do cancelamento dos passeios. Os cães insistem, indignados, que é um direito saírem para tomar um ar. Donos de gatos não observam problemas até o momento.

Diversas ferramentas de trabalho e plataformas *on-line* de ensino, universidades, museus, livros e filmes – até de pornografia – estão abrindo seus conteúdos para acesso gratuito durante a quarentena global. A conexão está muito ruim, será que vai dar conta?

Vi amigos testando fazer *happy hour* virtual. Cada um com uma cervejinha em sua casa. Parece bobo, mas algumas "bobagens" serão necessárias no confinamento.

Um exemplo? A quarentena levou a um aumento no número de divórcios na China. Uma cidade, Fuzhou, até instituiu um limite: máximo de dez divórcios por dia.

Segundo a BBC, também aumentou – triplicou – a violência contra a mulher por lá. A *hashtag* #AntiDomesticViolenceDuringEpidemic teve três mil compartilhamentos. No Brasil, que já registra uma agressão a cada quatro minutos, é possível imaginar que isso não vá acontecer? É possível antecipar alguma ação?

Metade dos estudantes do mundo – 850 milhões – estão com aulas canceladas.

Vários países anunciam evolução no desenvolvimento de vacinas ou tratamentos retrovirais – China, Japão, Austrália… –, mas parece uma corrida para dar notícia boa, pois ainda estamos longe de uma distribuição para frear a pandemia.

Uma desembargadora posta que "está adorando o coronavírus, trânsito ótimo." O presidente do Senado, novos ministros e diversos outros membros do governo confirmam estarem infectados.

Apoiadores de Bolsonaro se organizam para novas manifestações. Seu guru, Olavo de Carvalho, insiste que a crise é *fake*. Presidente tenta agora se descolar desses radicais.

À tarde, junto de seus ministros mascarados, oficialmente decretou calamidade pública e anunciou outras medidas para a "quuuestão do coronaviruz" – como R$ 15 bilhões para trabalhadores autônomos, R$200 *per capita*, e fechamento de fronteiras.

Completou que "repete que o momento é de grande gravidade" – repete desde quando? – e pediu a "Deus ajuda para acharem soluções no tocante a essa quuuuestão."

Uma mensagem para meu futuro eu, que atualizará esse diário daqui a 30 dias: "Escreve aí que a curva de contaminados desacelerou nessas semanas e que toda preocupação que tivemos fez efeito. Escreve aí também que o ex-presidente Bolsonaro está usando esse fato para mostrar como só ele estava certo e que o vírus era histeria. Escreve aí que o ex-vice Mourão confirmou que o ex-presidente Bolsonaro continuará em isolamento por mais 4 anos."

Agora é jantar e, às 20h30min, bater panela contra esse governo absurdo.

Obs:

A. na rotina normal, uma só pessoa infectada é a causa de 405 pessoas infectadas após 30 dias.

B. se essa pessoa infectada reduzir em 75% seu contato social, em 30 dias é responsável por menos de 3 contaminações!

A+B. Vamos passar por isso, vai dar tudo certo!

19 DE MARÇO

DIA 9

Hoje, o metrô estava cheio, mas não lotado. Consegui entrar e sair sem tocar em nada nem ninguém tossir ao lado. Apenas uma pessoa espirrou bem perto. A partir de amanhã, *home office*.

Cascão, da Turma da Mônica, finalmente lavou as mãos para incentivar os cuidados nessa crise.

Pastor Silas Malafaia promoveu culto com 350 fiéis no Rio de Janeiro ignorando recomendações de isolamento. "Aqui é o maior lugar de proteção que pode existir", pregou ele.

Mortes na Itália, 3.405, superam às da China. Foram 427 só hoje.

Lagos, da Nigéria, a maior cidade da África Subsaariana, com 20 milhões de habitantes, começa a fechar escolas e proibir aglomerações. Decisão veio após a primeira morte em um país quase vizinho, o Burkina Faso.

China anuncia primeiro dia sem novos contágios. Assim, desde a primeira morte, foram doze semanas. Se no Brasil for igual, chegaremos nesse estágio pós-tsunami pelo dia 5 de junho.

Uma vacina antimalária parece ter efeito contra o vírus. A empresa fabricante, Sanofi, diz ter capacidade de produção em grande escala.

Gol libera passagem gratuita a profissionais de saúde. Ambev faz força tarefa para produzir toneladas de álcool em gel para hospitais. Burger King decide doar parte da renda ao SUS. Telefônicas, como Claro, estão abrindo sinais de Wi-Fi e aumentando pacote de dados.

Luis Vuitton, Zara e Nívea entre outras, adaptaram suas fábricas para produzir e doar máscaras e produtos de limpeza.

Todo dia chega vídeo novo de italianos e espanhóis, em quarentena, cantando nas varandas com seus vizinhos.

Algumas cidades dos EUA suspendem prisões para pequenos delitos.

Estuda-se transformar cruzeiros em hospitais flutuantes.

O panelaço de ontem foi gigante. O Jornal Nacional passou dois minutos ininterruptos da barulheira por todo país.

Mais ex-apoiadores declaram que a paciência com Bolsonaro se esgotou – Rodrigo Constantino, MBL, Felipe Moura Brasil *et al*. Até o guru Olavo de Carvalho reconheceu: "Lamento. Agora talvez seja tarde para reagir."

No final da noite, o filho do presidente – deputado-ex-futuro-embaixador-ufa-que-não – jogou fumaça para desviar a pauta postando críticas à China e recebeu a resposta da embaixada de que "contraiu vírus mental em Miami" junto com o pai, além de ameaças de retaliação – tudo o que o país não devia incendiar no momento.

As *hashtags* #impeachmentbolsonaro e #bolsonaroacabou foram *trending topic*.

Parece que faz um século, mas em dezembro a maior polêmica era sobre o especial de Natal na Netflix – do Jesus gay feito pelo Porta dos Fundos.

No meio de janeiro, tínhamos um secretário de cultura divulgando um plano cultural nazista para o país, copiando Goebbels até no vídeo e mensagem de divulgação: "**A arte brasileira da próxima década será heroica e será nacional... Ou então não será nada.**"[6] Esse era o mundo "normal" que vivíamos antes da pandemia.

Até quando mesmo temos que declarar o Imposto de Renda?

20 DE MARÇO

DIA 10

Seja o que Deus quiser. A Justiça nega pedido do MP. Cultos lotados do pastor Silas Malafaia continuarão lotados cultivando mais infectados.

A primeira morte no Rio de Janeiro foi de uma empregada doméstica que se infectou após a patroa voltar do carnaval da Itália. A patroa passa bem no Leblon e logo buscará uma nova funcionária.

Em Teresina, dois homens brigam e rolam no chão porque um deles espirrou próximo ao outro. Em Pernambuco, um vídeo mostra uma passeata "contra o coronavírus" ao som de funk. No primeiro dia ensolarado de quase-quarentena em Floripa, houve muito congestionamento e praias lotadas.

Argentina inteira entra quarentena obrigatória. Ruas são controladas pelo exército. Ninguém pode sair de casa – exceto para comprar comida, por exemplo –, sob pena de multas altas e cadeia.

Na Noruega, um terço dos internados nas UTIs possuem menos de 50 anos.

União Europeia dialoga com CEO da Netflix – e outras plataformas – para baixarem a resolução dos vídeos. As redes estão sobrecarregadas com a multidão *on-line* em casa.

Governo oficialmente projeta "crescimento" de 0,02% para o PIB. Bancos privados falam em -1% – para os EUA, projeta-se -2%.

Pequim exige maior profissionalismo da política brasileira. Segundo *O Globo*: "O governo chinês chamou, nesta sexta-feira, as declarações

do deputado federal Eduardo Bolsonaro (PSL-SP) sobre a pandemia do novo coronavírus de 'imorais e irresponsáveis'."[7]

Papai Bolsonaro ligou para Xi Jinping, mas o presidente chinês se recusou a atender.

O presidente vinha se recusando a mostrar o exame comprovando não ter o vírus. Hoje, disse que pode fazer novo teste: "Talvez eu tenha sido infectado lá atrás e nem fiquei sabendo". Outra pérola: *"depois da facada, não será uma gripezinha que vai me derrubar."*[8]

Panelaços continuam toda noite, mas parecem perder força frente ao medo do tsunami que se aproxima.

Ideias para adiar o fim do mundo, do Aiton Krenak, é o livro indicado para esta semana do *blog* de literatura da UOL.

Ouvi por aí: "saudades de quando as máscaras eram de carnaval".

21 DE MARÇO

DIA 11

E no décimo primeiro dia, *off-line*, descansamos.
Detox digital. Sem TV, nem internet nem comunicação exterior.
Bom sábado pra vocês.

22 DE MARÇO

NOITE DO DIA 12

Hoje, 22 de março, é dia da água, mas só pra 60% do mundo. Os outros 40% da população mundial não têm acesso. Como lavar as mãos em tempos de coronavírus? Álcool gel é a menor das prioridades em um mundo que falhou no saneamento básico.

Brasil tem mais de 1.500 casos, são 25 mortes. Na Itália, novamente, mais de 600 mortes em um dia.

Uma amiga está isolada com marido em Berlim. Ambos descobriram que têm o vírus nos últimos dias. A descrição dela é mais educativa que qualquer discurso do Bozo: "Meus sintomas: febre 38C, sensação de rosto queimando como sinusite, dor de cabeça, um pouco de coriza, um pouco de dor de garganta, e pouquíssima tosse. Meu psicológico: na primeira noite em que recebemos o resultado não conseguir dormir e fiquei observando se meus sintomas pioravam. Tive até sonho com mundo pós apocalíptico paramilitarizado."

Uma pesquisa do Datafolha aponta que 73% são a favor das medidas de isolamento.

Além de panelaços, diariamente ouvem-se palmas para os profissionais de saúde em torno das 20h, que a cada dia se superam no caos hospitalar. Contudo, a lista do aplauso também precisa se estender para trabalhadores em locais como: supermercados, farmácias, transporte público, transporte de cargas, segurança, imprensa, *pet shops*,

assistência social, limpeza urbana, entregadores, motoristas, funcionários de condomínios, de cias aéreas, de empresas de infraestrutura – água, gás, luz, internet –, postos de combustível e funcionários públicos de serviços essenciais em geral.

Fizemos compras para 2 semanas, acho. Foi tenso o ambiente, parece que todo mundo está contaminado, né? E a maquininha do cartão, como põe a senha?

Temos na despensa: 1kg de arroz, feijão, açúcar e sal; três pacotes de macarrão, de molho de tomate e de queijo ralado; um de café; de aveia, de *wrap* e pão de forma; quatro caixas de leite; dois de leite condensado, de creme de leite, de sardinha; um de nuggets, de lasanha, de Nescau; quatro limões; seis bananas; seis cebolas; três batatas. Também compramos um cartela de dipirona e de paracetamol.

É, acho que não dá 2 semanas...

O barulho dos pássaros na janela já é mais alto que o dos carros.

Meu gato não está entendendo tanta convivência. Quer voltar a dormir em paz o dia inteiro. Parece perguntar quando termina esse fim de semana prolongado.

23 DE MARÇO

DIA 13, O DIA EM QUE SÓ SE FALOU DE ECONOMIA, ELEFANTES E ALIENÍGENAS

No início da manhã, o governo lança a Medida Provisória permitindo empresas não pagarem salários por quatro meses. No início da tarde, governo avisa via Twitter que vai revogar a MP.

Mesmo antes dessa "trapalhada", já era oficial: "Bolsonaro é o pior presidente do mundo no enfrentamento da crise", segundo o CEO da Eurásia, uma das maiores consultorias globais de risco.

"Essa epidemia simplesmente não existe", exclama o terraplanista Olavo de Carvalho, o guru do pior presidente do mundo.

Levantamento do banco Goldman Sachs aponta que a bolsa brasileira foi a que mais sofreu no globo, com queda de 52% em dólar desde janeiro.

Montadoras fecham fábricas, mais 90 mil trabalhadores parados. Outras fábricas pelo país também começam a encerrar atividades essa semana.

Presidente da XP projeta 40 milhões de desempregados no Brasil.

Kenneth Rogoff, professor de Harvard e economista-chefe do FM, afirma que o cenário de recessão é pior que em uma guerra, é de uma invasão alienígena: "como se aliens estivessem nos invadindo e nos mandando não sair de casa".

O dilema ético agora é utilitarista: estaríamos usando uma arma muito pesada – parar toda a economia – pra enfrentar um inimigo não tão terrível?

Qual a projeção de mortes – fome, violência, desemprego, outras doenças – com a queda de cada 1% do PIB? Até que nível de queda seria o limite antes de alguém decidir que "deixar morrer mata menos que parar a economia?"

Thomas Friedman, um dos colunistas mais influentes do mundo, compara as quarentenas forçadas a um "elefante sendo atacado por um gato doméstico. Frustrado e tentando fugir do gato, o elefante acidentalmente pula do penhasco e morre."[9]

Trump comunica em CAPS LOCK que em quinze dias uma decisão precisa ser tomada para economia voltar a funcionar: "WE CANNOT

LET THE CURE BE WORSE THAN THE PROBLEM ITSELF. AT THE END OF THE 15 DAY PERIOD, WE WILL MAKE A DECISION AS TO WHICH WAY WE WANT TO GO!"[10]

Lá, eles negociam um pacote de US$ 2 trilhões para apoiar as empresas. Aqui, o Banco Central anuncia medidas que injetam mais de R$ 1 trilhão no mercado.

Após as manchetes do *Jornal Nacional*, William Bonner respira e diz: **"Vamos fazer uma pausa. Agora, calma. Queremos pedir a todos calma. [...] Também temos medo de adoecer, aqui não tem super herói. Mantendo a calma, juntos vamos derrotar esse vírus."**

Presidente da OMS: "é de partir o coração, o vírus já chegou a quase todos os países do mundo."[11] São 300 mil contaminados.

O Reino Unido, que vinha na estratégia de não ser um elefante com medo de gato, de não parar a economia, hoje se curvou e impôs quarentena obrigatória a todos.

Foi um dia estranho, o fundo do poço ainda está longe de ser descoberto.

25 DE MARÇO

NOITE DO DIA 14, EDIÇÃO EXTRAORDINÁRIA

Achei que fosse passar um dia sem citar Bolsonaro. Seria bom, né?

Pois então... À noite, ele fez o pior e mais perigoso pronunciamento da história brasileira. Disse que o país não pode parar, que ninguém precisa temer a "gripezinha", que só 10% das pessoas teriam complicações – o que dá 21 milhões de vidas!!! –, e que os demais podem sair de casa, que ele mesmo se fosse infectado nem precisaria de tratamento especial, pois tem "histórico de atleta".

As redes sociais e diversos formadores de opinião e políticos repudiaram o discurso durante a noite.

Jair Bolsonaro, um brasileiro sem produção científica nenhuma, isolado num canto do globo, sabe mais que todos os demais governos e cientistas e organizações do mundo? Nem Trump, que também está

ansiosíssimo para terminar a quarentena foi tão inconsequente. Trump disse hoje que vai aguardar dez dias – inclusive colocou uma contagem regressiva – para tomar uma decisão.

Mas nosso Jair Bolsonaro, em cadeia nacional, anunciou que todos devem sair de suas casas e voltar à vida normal.

Ontem, a Inglaterra, que resistia em entrar em quarentena, desistiu da tática e mandou todos pra casa ao receber um estudo – do Imperial College of London – projetando a morte de 250 mil ingleses. Nos EUA, essa projeção seria de aproximadamente 2 milhões de mortos.

Jair Bolsonaro, em cadeia nacional, anuncia que não. Que todos estão errados e não passa de histeria da Globo – "uma certa emissora", nas palavras dele.

Às vezes, penso que esse diário acaba sendo mais sobre o dia a dia governado pelo pior vilão de Hollywood do que sobre a pior pandemia do século, ou ambos. Somos reféns da negação da ciência e do "foda-se".

Obs.: Bill Gates deu uma entrevista há alguns dias contrariando essa pressa de Trump para terminar a quarentena. "Não dá para ignorar a pilha de cadáveres",[12] afirmou. Serve para o Brasil.

Obs. 2: Vi por aí: "engraçado que o Bolsonaro só respeita recomendação médica quando é pra fugir de debate".

25 DE MARÇO

DIA 15

Pronto, temos um novo Fla x Flu no país após o discurso catastrófico de ontem do presidente. Já não se trata mais de briga de partidos, mas de percepção do mundo.

Vamos aos times:

*** * FLA ****

Estratégias preferidas: isolamento horizontal de no mínimo quinze dias para entender o cenário; achatamento da curva de contaminados; manutenção apenas de serviços e indústrias essenciais; prudência em relação ao que foi observado no resto do mundo; pacotes econômicos agressivos por um período determinado – liquidez, renda mínima, endividamento –; investimento em leitos e aumento da capacidade do sistema de saúde.

Comportamento em relação a memes: ri e compartilha muito, principalmente contra o FLU.

Escalação: maioria dos brasileiros, OMS, ONU, 27 governadores do país, 99% dos cientistas e governantes do mundo, economistas de todas as escolas – mesmo liberais como Arminio Fraga –, colunistas da imprensa em geral, Taleb, Gates e até Trump. E Britney Spears.

Crenças: ciência, estatística, análise da experiência nos outros países.

Ética: "é preciso se preocupar com o pior cenário e agir agora", "pior cenário pode passar de 500 mil mortes no Brasil".

**** FLU ****

Estratégias preferidas: isolamento vertical imediato; chega de quarentena, três dias já foi muito; jovens na rua, grupos de risco em casa; achatamento da curva de contaminados pra quê?!; imprudência em relação ao que foi observado no resto do mundo; austeridade fiscal, mas flexibilizando para aumento da capacidade do sistema de saúde.

Comportamento em relação a memes: ri e compartilha muito, principalmente contra o FLA.

Escalação: presidentes do México e do Brasil, Olavo de Carvalho, Silas Malafaia, Ratinho, velho da Havan, minoria dos brasileiros e de políticos ainda fiéis a Bolsonaro, 1% dos cientistas e governantes do mundo – os mesmos que negam o aquecimento global.

Crenças: conspiração da China, da Globo, terraplanismo, globalismo, "é só uma gripe, quem discorda está contra o Brasil", "quem tem histórico de atleta não morre".

Ética: "é preciso se preocupar com a queda do PIB (que leva ao desemprego) e agir agora", "o que são 10 mil mortes se vem uma recessão lá na frente?"

**** COMISSÃO DE ARBITRAGEM ****

Estratégias preferidas: sobreviver e manter a sanidade enquanto for possível; não entrar em discussão nem polêmicas.

Comportamento em relação a memes: até ri e compartilha alguns, mas não os mais agressivos.

Escalação: trabalhadores dos serviços essenciais, trabalhadores informais, grupos de risco.

Crenças: está tudo confuso, coronavírus é perigoso, talvez seja só uma gripe, tomara que seja só uma gripe, está tudo confuso, preciso manter a sanidade até descobrir... Cadê o VAR?

Ética: "tomara que tudo passe logo, a situação está cada vez mais difícil".

Após essa grande introdução, apenas alguns *highlights* breves:

- Dória e Bolsonaro discutem em reunião pela manhã. Dória é chamado de demagogo;
- Bolsonaro reforça o discurso do FLU: *"ficar em casa é atitude de covarde"*;
- vice-presidente Mourão contraria discurso oficial e diz que política deve ser de isolamento;
- 27 governadores se reúnem à noite com Maia – e sem o presidente – e escrevem carta conjunta de que não vão seguir estratégia do FLU;

- governadores sugerem *impeachment*;
- são suspensos cortes de luz, água e gás em São Paulo ;
- bolsa sobe forte na expectativa do pacote econômico de 2 trilhões nos EUA;
- polícia prende falsificadores de álcool gel;
- idoso ignora isolamento e é filmado andando de carrinho de rolimã;
- os dias estão ensolarados lá fora, é o que dá pra ver pela janela;
- meu gato vive em isolamento social desde que nasceu e adora janelas.

26 DE MARÇO

DIA 16

Chegamos a meio milhão de infectados no mundo, 22 mil mortes e 120 mil recuperados. Espanha tinha superado ontem a China em número de mortes, hoje foram os EUA – em número de casos.

Uma jovem britânica, de 21 anos e saudável – segundo a família –, morre de coronavírus.

Um jovem de 26 anos morreu também, ontem. Chamava-se Rehman Shukr, trabalhava no FMI em Washington e seu último *post* no Facebook parecia defender o fim da quarentena, a prioridade seria a economia.

Cooperação Global contra um inimigo comum: "O G20 faz um encontro extraordinário para tentar dar uma resposta à pandemia que já matou mais de 21 mil pessoas no mundo; em comunicado, líderes disseram que US$ 5 trilhões serão injetados na economia global; valores vão tanto para a saúde"[13] como para combater desemprego e falências.

Para os trabalhadores informais, Câmara aprova R$ 600 de auxílio emergencial. A proposta inicial do presidente era apenas de R$ 200.

OAB pediu, STF atendeu e suspendeu medida do governo que escondia informações importantes da população – alterava a Lei de Acesso à Informação.

Na Inglaterra, mais de 500 mil pessoas se apresentaram como voluntárias para apoiar no sistema de saúde. Boris Johnson ficou surpreso, esperava metade disso.

Nos EUA, o pior cenário é a morte de quase 2 milhões de pessoas.

Doações de Messi, Cristiano Ronaldo, Federer, Guardiola somam quase 40 milhões.

Viralizam fotos de mercados saqueados em São Paulo como se fossem atuais, mas são de 2013.

Assistindo a um filme toda noite, parece que os atores estão num mundo normal, colorido, acelerado... E nós é que estamos presos num drama que não passa, não anda, não melhora...

Já são cinco dias de comidas minimalistas: macarrão ao sugo, macarrão com sardinha, arroz com feijão e ovo, sopa de feijão, arroz com *nuggets*, purê de batata doce, lasanha congelada... Sábado vamos novamente ao supermercado e tentaremos ser mais criativos.

As famílias parecem estar mais juntas, né? Mais conversas por vídeo, mais convivência em casa, mais almoços e cafés no sofá da sala.

Home office em família vira *family co-working*? Cada um em um cômodo, muitas reuniões por vídeo revelam o dia a dia de equilibrar algazarras de crianças, *pets* invasores e *dress code* flexível.

Pronto. Hoje não falei do Bolsonaro, que hoje disse que "brasileiro pula no esgoto e não pega nada"[14] – IBGE aponta mais de 300 mil internações hospitalares por ano por doenças causadas por "saneamento ambiental inadequado".

Vish, agora foi...

Aproveitando, então, a revista *The Economist* publicou um artigo chamando-o de BolsoNero.[15]

27 DE MARÇO

DIA 17

Com mil casos, a África do Sul é o país mais atingido no continente africano. Estão em quarentena por três semanas e, um fato interessante é que a venda de bebidas alcoólicas está proibida.

Objetivos com essa medida: evitar violência doméstica, não fragilizar o sistema imunológico – a população já sofre com HIV – e prevenir bêbados nas ruas esquecendo que não podem sair de casa.

Na Suécia, com 92 mortes, a polêmica está igual aqui. Especialistas defendem quarentena, governo quer todo mundo na rua – e lá ainda continuam abertas escolas e comércio.

No Japão, a estratégia de manter a rotina normal está perigosa. Os casos aumentam rapidamente e especialistas acreditam serem cinco vezes maiores que o noticiado. Governo de Tóquio está estudando isolar a cidade das vizinhas.

A vida parece voltar ao normal, após dois meses, em Pequim. Normal, mas diferente: muitas entregas de comida agora incluem cartões listando nome e temperatura dos cozinheiros.

E o perigo continua.... O diretor de um jornal de Hong Kong aponta que os casos estão subnotificados: "Um terço do total dos testes positivos é assintomático e não está sendo incluído nos números oficiais."[16] Hospitais também estariam se recusando a testar pacientes.

Uma grande carreata pela reabertura do comércio foi feita ontem em Balneário Camboriú. Outras diversas cidades estão organizando para sábado.

Nosso governo divulgou um vídeo de campanha com *slogan:* "o Brasil não pode parar". Custou R$ 5 milhões sem licitação. A música parece ser da Enya.

O prefeito de Milão reconhece ter errado. Um mês após ter feito a mesma campanha, afirmou: "Muitos se referem àquele vídeo que circulava com o título #MilãoNãoPara. Certo ou errado? Provavelmente errado. Ninguém ainda havia entendido a virulência do vírus."[17] Na época, Milão tinha apenas doze mortes. Hoje, mais de 4 mil.

Pedidos de seguro-desemprego nos EUA sobem de menos de 300 mil para mais de 3 milhões.

Como se já não bastasse o caos, Dória recebe ameaças de morte. Sua equipe suspeita virem de "um movimento articulado pelo gabinete do ódio, liderado pelo filho do presidente, Carlos Bolsonaro".

Como se já não bastasse o caos, Maduro e Trump também se confrontam. O primeiro chama o segundo de miserável, racista e supremacista. O segundo tinha acusado o primeiro de narcoterrorismo e oferecido US$ 15 milhões por informações que o colocassem na prisão.

Enquanto isso, mentes mais brilhantes lidam com a quarentena. Um filósofo romeno de 103 anos, Mihai Sora, tem postado diariamente ideias de coisas para fazer e reflexões no isolamento. Já resolveu cubo mágico, fez aula de idioma – japonês e sueco –, aprendeu a usar máquina de lavar, analisou lista de planetas da NASA, está lendo Proust e pintando bastante. Nada mal pra quem já tinha 30 anos quando, junto do exército francês, enfrentava nazistas na Segunda Guerra.

Hoje, é o vídeo-aniversário do meu pai. Ainda é jovem perto do filósofo, faz só 69 anos. Parabéns, pai! Que esse próximo ano seja tranquilo, como todos os outros, com muitas conquistas e saúde para você e todos nós.

Amanhã, 100% *off-line.*

PS: Diversos artistas têm feito shows pela internet ao vivo. De hoje a domingo tem até um festival com cinco shows por dia. Óperas, teatro, *stand up*, palestras, museus, editoras continuam liberando conteúdo livre também.

Será que o coronavírus vai literalmente nos domesticar?

29 DE MARÇO

DIA 18

O sábado foi *off-line*.

No mercado, fomos mais criativos. A alimentação vai melhorar essa semana.

Desde o sábado anterior que não saíamos de casa. Foram sete dias completos, agora preparados para mais sete.

Já são dez dias sem exercício físico. Preguiça total de polichinelos na sala, né?

Fiquei pensando, e se agora um terrorista aleatório solta um vírus digital parando a internet? E, com isso, hospitais, sistemas de segurança, comunicação, transporte e o que resta da economia também parassem? Acho que já tem filme com esse roteiro, mas melhor não dar ideia.

Show de cinco horas do Gusttavo Lima ontem, que teve audiência de mais de 8 milhões de pessoas, arrecadou mais de R$100 mil em doações.

Armani produz macacões para médicos. Riachuelo, aventais.

Informações que passaram de sexta pra sábado, só pra constar do livro no futuro:

- a missa do Papa sozinho, com a cruz na praça fora da igreja, foi quase inédita. A outra única vez que isso ocorreu foi há 500 anos, em 1521, durante a Peste Negra;
- além dos governadores, a frente nacional de prefeitos também mandou carta contra a insanidade do "governo salve-se quem puder, mas não mexam com a economia";
- a OMS fez reunião com 50 ministros de saúde, o nosso ficou preso com o presidente por algum motivo (DR?) e não participou... Mas sábado à tarde fez uma coletiva bastante elogiada, discordando da insanidade presidencial;
- estudo indica que a insanidade presidencial levaria a mais de 1 milhão de mortes;

- outro presidente que nega a ciência, Trump, disse que ninguém sabe direito o que é esse vírus – se é um germe ou uma gripe. Mais curso de biologia *on-line* menos Twitter, *president*. "You call it germ, you can call it a flu. You can call it a vírus. You can call it many different names. I'm not sure anybody knows what it is.";[18]
- EUA invocaram "a Lei de Produção de Defesa", ativa durante outra guerra, obrigando a GM a fabricar respiradores para tratamento de infectados;
- dono do Giraffas demite próprio filho após este declarar estar mais preocupado com desemprego dos funcionários do que em mantê-los vivos. O pai garantiu que continuará pagando o salário dos funcionários, menos o do filho. Em casa, a convivência continuará amigável, promete
- a lista de doações de artistas e famosos aumenta. Neymar promete distribuir cestas básicas em São Paulo;
- sexta foi dia mundial do teatro. Será que a economia era uma ilusão e todos atuávamos numa peça que agora está num intervalo? Que mundo estávamos criando que não para em pé se tiver de desacelerar três meses? Como esse mundo deveria mudar a partir daqui?

29 DE MARÇO

DIA 19

Mundo tem 716 mil casos de coronavírus e quase 34 mil mortes.

Rússia está sob "lei marcial". Quem sair para a rua sem um bom motivo – e registrado em um documento – será preso.

A maior fabricante de luvas hospitalares do mundo, a Top Glove, avisa que não tem condições de fabricar toda demanda que tem recebido de EUA e Europa. Imagina quando vierem os pedidos da Índia.

Presidente indiano faz pronunciamento pedindo desculpas por impor a quarentena: "Não tive escolha, é uma medida necessária."

BolsoNero passeia por ruas do DF, junta aglomerações e contradiz seu próprio ministro:

Estou com vontade de baixar um decreto amanhã. Toda e qualquer profissão legalmente existente ou aquela que é voltada para a informalidade, se for necessária para levar sustento para seus filhos, para levar um leite para seus filhos, arroz e feijão para sua casa, vai poder trabalhar.[19]

Outras pérolas de hoje foram: *"Tem que enfrentar [o vírus] como homem, pô"* e "Todos nós vamos morrer um dia" – citando, mesmo sem nunca ter lido, Keynes.[20]

Entre os países com populações gigantescas – Índia, Rússia, EUA, China –, o Brasil é o único com presidente brincando de herói e sem capacidade de entender a gravidade do problema.

Panelaços continuam fortes contra ele toda noite às 20h30. Hoje, como tem Fantástico, talvez se dispersem.

Carreatas a favor do presidente ocorreram em vários estados.

Giro pelo mundo, onde o caos pode estar só começando: Cuba e Paraguai tem três mortos. Angola, Costa Rica, África do Sul e Camarões, dois. Uruguai registra a primeira morte.

Um italiano de 101 anos é curado. A Itália já passa de 10 mil mortes (foram quase 800 só nesse sábado).

Brasil tem 136 mortes (em 12 estados), incluindo um jovem de 26 anos.

Mais de 90 funcionários do Hospital Sírio Libanês estão infectados e foram afastados. Hospital Albert Einstein abre 1.500 vagas para médicos, enfermeiros e técnicos. A Rede D'Or contratou já 400. No RJ, 15 mil estudantes se inscreveram como voluntários em chamada do governo estadual.

Viraliza foto de dois paramédicos rezando juntos em um intervalo entre turnos de atendimento. Um judeu e um muçulmano.

O coronavírus uniu Israel e Palestina. Foi criado um comitê conjunto entre os dois povos para lidar com a crise.

30 DE MARÇO

DIA 20

África do Sul tem 1 terço dos casos de todo continente africano.

Times de futebol reduzem salários substancialmente. Messi publica acordo: "À margem de uma redução de 70% do nosso salário durante o Estado de Emergência, vamos realizar contribuições para que os empregados do clube possam receber 100% dos seus salários enquanto esta situação durar."[21]

Claro, Vivo, Oi e Tim se unem pela primeira vez para que as pessoas fiquem em casa, fazendo campanha conjunta no intervalo do Fantástico, dando bônus de internet e liberando conteúdo em suas plataformas.

Nos EUA, Trump prorroga encerramento da quarentena para final de abril: "Epidemiologista da Casa Branca calcula que os EUA poderão ter 200 mil mortes por Covid-19".[22]

Twitter apaga dois *posts* do presidente – que mostravam ele passeando pelo Distrito Federal –, porque iam contra as recomendações de desincentivar aglomerações e colocar em risco vidas humanas.

O medo de nos transformar na Venezuela nos transformou na Venezuela. Maduro foi o único outro presidente a violar regras do Twitter.

A revista alemã *Der Spiegel* chamou BolsoNero de "o último negacionista". Está isolado agora remando contra a maré.

Líderes da oposição pedem sua renúncia: "Basta! Bolsonaro tornou-se um problema de saúde pública. Ele precisa ser urgentemente contido e responder pelos crimes que está cometendo contra nosso povo."[23] Este é um trecho de manifesto lançado hoje por Ciro, Haddad, Boulos e alguns governadores.

A IBM, a NASA e outras organizações colocam supercomputadores para calcular reações do vírus a diversos medicamentos e acelerar a descoberta da vacina.

Essa crise do coronavírus vai passar, mas e depois? Vamos voltar ao normal? Países olhando pro próprio umbigo, guerras, disputas comerciais, crescimento do PIB a qualquer custo? Por que não manter foco em problemas comuns? – sem quarentena, claro. Que tal começarmos com a fome, depois sustentabilidade energética, moradia, saneamento básico, educação e segurança pública para *todo o globo* com a mesma urgência?

Hoje, um terço da população mundial – mais dez BBBs – está vivendo com medidas de isolamento.

A grande batalha no Twitter é #ficamanu *x* #teamprior para o paredão de amanhã do BBB. Isso mobilizou mais o Neymar e o Gabigol do que o coronavírus.

Meu gato fica bem em cores de coronavírus no final de tarde.

31 DE MARÇO

DIA 21

Após quinze dias de festa, 300 pessoas são impedidas de sair e ficam presas num festival de música no Panamá por causa do coronavírus.

Na Argentina, polícia atira com bala de borracha em vítima que só tinha saído para comprar pão.

Na Hungria, Viktor Orban consegue aprovação do Congresso para governar por decretos ilimitados sem tempo definido nem controle parlamentar, oficializando o que já caminhava para uma ditadura.

Diversos cruzeiros pelo mundo continuam sem poder desembarcar passageiros. Um deles já foi impedido no Chile, depois na Califórnia, e agora tenta México.

Presidente do México é outro a voltar atrás e reconhecer a necessidade de quarentena.

Além do Twitter, *posts* no Facebook e Instagram foram apagados. BolsoNero se torna o primeiro presidente a gabaritar atentado à saúde pública nas três principais redes sociais. No vídeo, ele mentia *"aquele remédio lá, hidroxicloroquina, está dando certo em tudo o que é lugar."*

Seu filho, que já quase virou embaixador dos EUA, explica que são uma *"hole family"* no Twitter.

Ministro do STF encaminha pedido de afastamento do presidente.

EUA superam mortes dos ataques de 11 de setembro.

Brasil tem 42 mortes em um dia – total de 200. Nesse ritmo, em dois dias ultrapassa mortes de Brumadinho do ano passado.

Guerrilha colombiana, do Exército de Libertação Nacional (ELN), anuncia cessar-fogo durante a quarentena.

Um padre, em missa por videoconferência, acionou sem querer filtros do Instagram e foi um Deus nos acuda pra desligar.

As reuniões de trabalho em casa, também videoconferências, possuem novas desculpas. O que antes era atraso pelo "trânsito" se transformou em "o *link* não entrava" ou "fui buscar o carregador".

Fizemos um bolo ontem à tarde. Hoje, lasanha – não congelada – de almoço. Estamos mais criativos.

Parece inexplicável o mundo hoje, né? Mas o que esperávamos de um 2020 com Mercúrio retrógrado, Vênus retrógrado, Marte retrógrado e até eclipse Solar total? – em dezembro. Vejam que será a primeira a vez – em 500 anos! – do alinhamento de Plutão e Saturno com o signo de Capricórnio. Segundo astrólogos, isso é muito raro: "Esse fenômeno já desencadeou alguns dos momentos mais significativos da história, como o início da primeira guerra mundial, a segunda guerra, a revolução cultural dos anos 60 e a recessão econômica dos anos 80."[24]

ALGUNS TUÍTES E MEMES COMPARTILHADOS NO MÊS DE MARÇO

- Presenciar fatos históricos é muito cansativo. Não quero mais;
- a gente já pode tomar banho? Ou é pra continuar só lavando as mãos?;
- cancela essa quarentena que eu tô bebendo mais do que quando tava podendo sair;
- em breve teremos que caçar para comer e eu nem sei onde vivem as lasanhas;
- lavando maçã com detergente de maçã para manter o sabor;
- me falaram que eu preciso de uma série de abdominais, mas não estou encontrando na Netflix!;
- pena que o pessoal da olimpíada não tem histórico de atleta, senão dava pra manter esse ano ainda;
- quando tudo isso terminar, vou ficar uns quinze dias sem aparecer em casa;
- *homeschooling,* dia 7: acabei de decidir que meu filho se formou;
- pela terceira vez essa semana estou comprando bebida para os próximos quinze dias.

ABRIL

1 DE ABRIL

DIA 22

Ditador do Turcomenistão proíbe a palavra "coronavírus" no país. A pena será de prisão. O que ajudará no isolamento contra o c...

Na Índia, quem rompe a quarentena é obrigado pela polícia a fazer agachamentos na rua. Na Espanha, moradores atiram ovos em quem sai na calçada.

Na Argentina – como aqui –, a violência contra mulher é epidêmica: "pelo menos seis mulheres e meninas foram assassinadas nos primeiros nove dias de isolamento social, e disparou o número de ligações para as linhas que prestam atendimento para casos de violência de gênero."[25]

Imagens de satélite confirmam 80% a menos de poluição nos céus de Lisboa. Pelo mundo, os dias ensolarados estão mais limpos.

O número de deslocamentos de carros caiu 90% em média nas grandes cidades. Preço do petróleo caiu 66% desde o início do ano.

BBB bateu recorde com 1,5 bilhão de votos na disputa Manu Gavassi *x* Felipe Prior, que depois virou Marquezine *x* Neymar e dali viralizou pro país todo quarentenado. Teve gritaria de Copa do Mundo quando Prior saiu.

Horas antes, panelaços intensos por todo o Brasil durante outro pronunciamento de BolsoNero que agora afirma *sempre* ter tratado o vírus como algo grave.

Demanda por calças cai no Walmart. Motivo: *home office*.

Solidão na 40tena. Aumentou em dez vezes a demanda por adoção de cães e gatos em Nova York. Muitos abrigos já estão vazios.

Brasileiro corre maratona completa em seu quintal de 10 metros. Em 7 horas, foram 4 mil e 200 idas e vindas.

"Doações somam R$ 500 milhões em dez dias. Bancos, institutos, empresas e famílias anunciam liberação de recursos para saúde e populações mais vulneráveis em tempo recorde."[26] Só do Itaú foram 150 milhões.

Ontem, pré-BBB, estava lendo a *Barca de Gleyre*, um livro com 40 anos de troca de cartas de Monteiro Lobato com um amigo. Aí cheguei no ano de 1918 e ele cita todo mundo gripado e muitas mortes de conhecidos e um caos social. A Gripe Espanhola no Brasil parou o Rio, matou 15 mil cariocas e até o presidente.

2 DE ABRIL

DIA 23

Mundo supera 1 milhão de contaminados.

Presidente das Filipinas autoriza policiais a matar quem violar a 40tena.

Coreia do Norte diz não ter nenhum morto. Dado o isolamento em relação ao resto do mundo, dessa vez pode até ser verdade.

Sistema funerário do Equador colapsa. Dezenas de mortos não são recolhidos e ficam pelas calçadas.

Na Itália, enfermeiro mata namorada médica acusando-a de ter se infectado por culpa dela. Após ser preso e fazer exames, viu-se que nenhum dos dois tinha Covid-19.

Ontem, foi inaugurado o hospital montado no gramado do Pacaembu. Somando ao que está sendo finalizado no Anhembi, serão 2 mil leitos de emergência. Wuhan, na China, tinha construído doze em onze dias, para quase 4 mil pacientes.

Shenzen proíbe consumo de carne de cães e gatos.

Argentina proíbe demissões por 60 dias. Presidente alcança 93% de aprovação.

Em duas semanas, 10 milhões de americanos ficam desempregados. O dobro do que era estimado como "pior caso" e muito maior que qualquer outra crise da história.

EUA pagam mais e "roubam" encomendas de máscaras da China que seriam enviadas a França e Brasil.

Em algumas cidades brasileiras, preço do feijão dobrou. Arroz e leite subiram 50% no mês.

Ouvi por aí: "o ser humano é projetado pra ser infeliz. Quando tem todo tempo do mundo pra ficar em casa, quer sair. Quando fica muito fora, sonha em voltar."

Hoje teve o primeiro *happy hour* por vídeo com pessoal do trabalho. A adesão foi baixa, mas foi divertido. O primeiro com participação de cães e gatos na varanda. Uma integrante sumiu no meio após a filha raptá-la.

3 DE ABRIL

DIA 24

Vírus chega a uma aldeia no Amazonas, a 250km da divisa com a Colômbia. Uma jovem indígena de dezenove anos está infectada.

Estratégia inusitada do Peru a partir dessa semana: "na segunda, quarta e sexta-feira, os homens sairão para comprar comida, remédios e ir aos bancos; na terça, quinta e sábado, as mulheres. Ninguém sai aos domingos."[27]

Na Índia nascem gêmeos chamados Corona e Covid: "segundo os pais, a escolha inusitada é para que os filhos se lembrem das dificuldades que superaram para nascerem."[28]

McDonald's distribui lanches gratuitos para profissionais de saúde e caminhoneiros.

Prefeito de Florianópolis reduz 30% do seu salário e de seus secretários para "dar exemplo". Câmara de vereadores seguiu e cortou também, mas só 20%.

YouTube apaga vídeo de Malafaia que incitava pessoas a saírem do isolamento, falando que é tudo uma farsa.

Onze milhões de brasileiros acreditam que a Terra é plana – muitos, provavelmente, também antivacina. Ainda assim, um dos poucos pontos positivos dessa crise é o renascimento da ciência, né?

Na segunda-feira, uma entrevista na TV Cultura – vejam só! – com um PhD em Biologia foi *trending topic global* no Twitter.

Diversos presidentes negacionistas da ciência sobre o aquecimento global, a grande polêmica dos últimos anos, estão tendo de se curvar ao mundo real. O vírus e a pilha de cadáveres acumulados são mais imediatos que o derretimento das calotas polares.

Enquanto isso, o último negacionista, o pior presidente do mundo no enfrentamento dessa crise, propõe jejum: "A gente vai, brevemente, junto com os pastores, padres, religiosos, anunciar, pedir um dia de jejum a todo o povo brasileiro em nome, obviamente, de que o Brasil fique livre desse mal o mais rápido possível."[29]

Esse mesmo negacionista pediu que seu Ministro da Saúde se demitisse na quarta-feira. Mandetta contou isso ontem, em um jantar com os presidentes da Câmara e do Senado:

> Durante a ligação, o presidente teria dito ao ministro da Saúde que ele deveria pedir demissão e deixar o governo. Mandetta rebateu de pronto: 'O senhor que me demita, presidente'. A partir desse momento, a conversa teria esquentado ainda mais, ao ponto de o ministro da Saúde recomendar ao presidente que ele se responsabilizasse sozinho pelas mortes causadas pelo coronavírus, que já infectou 8.230 brasileiros e matou 343 pessoas.[30]

Em 1918, durante a Gripe Espanhola no Brasil, o Diretor de Saúde Pública era Carlos Seidl. Hoje, talvez estivesse alinhado a BolsoNero. Chamou tudo de "sensacionalismo histérico da imprensa", falou que a gripe era "benigna" e até se reuniu com presidente para pedir censura à imprensa.

Na época, hospitais de campanha também foram montados, inclusive em estádios. Parentes jogavam corpos nas ruas, com medo de se infectar se ficassem em casa. Faltavam coveiros para recolher os cadáveres. Total de mortes foram em torno de 30 mil – 8mil em São Paulo.

Ouvido por aí – de Karl Marx, no século XIX: "a história se repete, a primeira vez como tragédia e a segunda como farsa."

Também apareceram cloroquinas em 1918. Grippina, quinino e naftalina foram divulgados como salvadores e sumiram dos mercados, todos saíram estocando.

Ouvido por aí – do Veríssimo, sobre o Brasil: "aqui, a história não se repete como farsa, as farsas se repetem como história."[31]

A gripe de 1918 demorou quatro meses para infectar e matar o presidente Rodrigues Alves.

O nosso presidente atual quer demitir seu Ministro da Saúde, porque o ministro está cuidando da saúde da população.

Será que a história vai se repetir como farsa ou tragédia?

Amanhã, sábado *off-line*.

5 DE ABRIL

DIAS 25, SÁBADO *OFF-LINE*, E 26, DOMINGO NA REDE

Não imaginava que demorasse tanto cortar cabelo sozinho. Após 40 minutos, a bateria da máquina acabou e tive de ir ao mercado de boné enquanto ela recarregava.

À caminho do mercado, tivemos de atravessar a feira, bem mais vazia que o habitual. Muitas pessoas com máscara.

Com baixa demanda e quase chegando na validade, cerveja importada estava com 50% de desconto. Compramos com a promessa de beber antes de estragar.

No YouTube, Jorge e Mateus batem recorde mundial de audiência em uma *live* com 3,4 milhões de pessoas simultâneas – o último recorde era de Gustavo Lima, com "apenas" 700 mil pessoas. Teve até participação do Ministro da Saúde.

Dados dos EUA – que devem ser parecidos aqui: caiu 80% a venda de malas de viagem. Subiu em 650% a venda de máquinas de fazer pão e 300% de pesos para musculação.

Sem confraternizações e churrasco, venda de picanha e outros cortes nobres cai 50% aqui no Brasil. Famílias, também pela crise, trocam carne por frango e ovo no dia a dia. Na periferia, muitas famílias se alimentam apenas com arroz o dia inteiro. Os moradores de rua já quase não se alimentam. São Paulo tem mais de 25 mil moradores de rua que estão sem conseguir quentinhas de restaurantes – que estão fechados – e sem doações de pessoas nas ruas – vazias.

Na sexta, a Câmara dos Deputados podia ter votado redução de 50% dos salários e uso do fundo eleitoral para financiar a saúde. Podia, mas retiraram da pauta.

Hong Kong volta a fechar bares por quatorze dias com temores de nova onda de contaminação.

"Por até dois anos, vamos ter de alternar períodos de abertura e quarentenas, diz Atila Iamarino",[32] o biólogo, agora *popstar* – e que bom e que esteja sendo ouvido.

O bar do lado de casa está começando uma festa, com a porta fechada, disfarçada, convidados, karaokê, a música de agora às 17h: "Mas chegoooou o carnaval, e ela nããããoo desfiloooou…"

Líbano anunciou essa semana o calote no pagamento da dívida pública, que já chega a 170% do PIB. O país já estava nessa crise aguda antes do coronavírus, agora então… "Moradores de Beirute relatam que os caixas eletrônicos estão praticamente vazios."[33] População não consegue sacar suas economias, e elas vão sendo corroídas com a inflação de 10% ao mês.

Espanha é acusada de censurar a imprensa: "só depois de um manifesto assinado por mais de 400 jornalistas e de críticas violentas de alguns dos principais jornais do país, é que o Governo de Pedro Sánchez deixou de filtrar as perguntas dos repórteres sobre a pandemia."[34]

A CIA acusa a China de subnotificar as mortes. Governo chinês também é acusado de censurar depoimentos e grupos *on-line* sobre números reais da epidemia – e se ela realmente está controlada.

O governo da Bielorrússia, país de 10 milhões de pessoas, chama tudo de frenesi e psicose. Não parou o campeonato de futebol, não anunciou quarentena, recomendou que a população beba vodca e vá à sauna para combater o coronavírus: "as pessoas não deveriam apenas lavar suas mãos com vodca, mas também envenenar o vírus com ela. Vocês deveriam beber o equivalente a 40-50 mililitros de álcool por dia. Mas não no trabalho."[35]

Na Itália e Espanha, número de mortes diárias começa a cair.

Bill Gates escolheu sete das vacinas mais promissoras sendo desenvolvidas e já está financiando a construção de fábricas para elas. Assim, quando uma delas se provar efetiva, terá tudo pronto para produção em larga escala.

Em parceria com grandes amigos, lançamos uma nova aventura da Pequena Princesa em *e-book* gratuito para *download*. É um livro infantil com uma explicação lúdica para o que estamos vivendo, leiam!

Acesse o Instagram @pequenaprincesa42 ou o QR Code para fazer o download do livro *A Pequena Princesa*.

6 DE ABRIL

DIA 27

Casal de amigos em Berlim ainda se recupera depois de quatro semanas –tiveram febre lá pelo dia 8 de março. Um continua sem sentir gosto de comida. Parece que o coronavírus pode agir também em receptores cerebrais. Segundo um estudo científico, o problema da falta de ar pode não ser somente causado no pulmão.

Outros estudos estão tentando entender o efeito do vírus em animais. Depois de um gato ser infectado na Bélgica, agora foi a vez de um tigre do zoológico de Nova York. Ambos passam bem, mas apresentam tosse.

Faltam vagas em necrotérios e cemitérios nos EUA. Muitas mortes estão ocorrendo em casa e não há serviço para recolhimento – nem teste para Covid-19, ou seja, os números de vítimas são maiores. Antes da crise, em Nova York, a média diária era de vinte mortes em casa. Hoje está em 200.

No Equador, mil caixões de papelão são comprados pelo governo. Os de madeira terminaram.

Total de mortes nos EUA passa de 10 mil. No Brasil, passamos de 500.

A Suécia pagou pra ver, não fez isolamento e agora possui quase o mesmo número de mortes que o Brasil ou que a África inteira, mas com uma população menor que São Paulo – só 10 milhões de pessoas. A taxa de mortalidade é pior que nos EUA.

Na Nicarágua, governo negacionista também continua incentivando as pessoas a irem às ruas, promove abertura de parques, piscinas públicas e segue vida "normal". Por ser uma ditadura, talvez nunca saibamos realmente o número de mortos – assim como na China.

Boris Johnson, primeiro-ministro inglês, até ontem negacionista, é enviado à UTI.

O sempre negacionista Bolsonaro deixou vazar no meio da tarde que demitiria seu Ministro da Saúde ainda hoje. Por pressões internas e externas, parece ter mudado de ideia e desistido agora à noite.

No final de semana, enciumado por ter alguém competente lidando com a crise, falou que em seu governo tinha "algumas pessoas que viraram estrelas e falam pelos cotovelos". E que em breve usaria a caneta contra elas.

Projeção já é de queda de 5% do PIB brasileiro para alguns analistas. Ainda é tempo de termos um presidente trabalhando para evitar isso, em vez de incentivar o genocídio da população idosa ou dos grupos de risco.

Já é consenso entre economistas e líderes globais que o dilema "economia x saúde" era falso. Quanto antes forem feitas as ações para evitar as mortes, melhor para a economia.

Dória anuncia extensão do isolamento em São Paulo por mais quinze dias – até 22 de abril.

Ainda é pouco para o Brasil, mas é um pouco já maior que o esperado: doações de empresas e pessoas físicas chegam a quase R$ 900 milhões – se contar doações de materiais e alimentos, valor passa fácil de R$ 1 bilhão.

Zimbábue, que também tinha banido a venda de cerveja durante o isolamento, reverte a decisão.

Começamos academia em casa depois de quinze dias de isolamento sedentário pleno – só tendo saído de casa duas vezes para o mercado.

O treino foi intenso e já estamos doloridos. Aplicativo chama 7minutos. O bom é que não dura nem um minuto a mais.

Encomendamos mais umas dez garrafas de vinho, a Páscoa vai ser longa.

7 DE ABRIL

DIA 28

O Big Brother Google monitora meus deslocamentos e chegou o resumo de março. A média até dia 19 era de 22km por dia. A partir do dia 20 de março, em que começamos o isolamento, caiu pra 220m por dia apenas de idas e vindas à cozinha/sala/quarto.

A moda das *lives* inovou. Em uma do governador do Ceará, vendedor de torresmo anunciou seu produto e vendeu 40kg.

Ontem foi coronaniversário surpresa de um amigo, por vídeo. Contras: não tem bolo, nem todos levaram cerveja, não tem proximidade humana dos amigos, a conversa fica confusa com muita gente junta. Prós: sem precisar se deslocar, pessoal tem menos desculpa pra não comparecer e dá até pra jogar videogame enquanto todos conversam de maneira confusa.

#togetherathome vai quebrar a internet. A OMS organiza grande *home office* festival beneficente para 18 de abril.

Alguns artistas que participarão do show (todos de suas casas):

ALANIS MORISSETTE • ANDREA BOCELLI • BILLIE EILISH • BILLIE JOE ARMSTRONG • CHRIS MARTIN • EDDIE VEDDER • ELTON JOHN • LADY GAGA • PAUL MCCARTNEY • STEVIE WONDER

Apresentadores: Jimmy Fallon, Jimmy Kimmel e Stephen Colbert.

Na Índia, para conscientizar a população (?), policiais usam capacete de coronavírus.

Ronaldinho Gaúcho paga R$ 8 milhões e finalmente sai da prisão no Paraguai para passar a quarentena em hotel.

A Fórmula 1 disputou uma corrida virtual no domingo com muitos dos pilotos reais. O vencedor foi Leclerc da Ferrari.

Japão declara estado de emergência e um mês de quarentena "voluntária" para metade do país. Também aprova pacote de 1 trilhão de dólares – 20% do PIB – para o enfrentamento interno da crise.

China tem o seu primeiro dia sem mortes.

Jovens também morrem com o vírus, plano de BolsoNero não era só deixar idosos morrerem pra salvar economia. No Nordeste, uma mulher grávida, de 33 anos; um adolescente, de 15 anos; e um bebê, de 3 meses, foram as vítimas nos últimos dias.

Segundo relatório do governo, pico de infecções vai até maio. E só após setembro que a vida deve voltar mais ao normal.

Em Nova York, coronavírus já é a primeira causa de morte por dia – mais de 500 –, ultrapassando infarto – menos de 200 – e câncer – menos de 150.

Bolsa sobe 10% em dois dias, mas variação de sobe-desce continua altíssima – mês de março foi a maior da história, tanto aqui como nos EUA.

Com salário anual de US$ 43 milhões, Damien Lillard – *all star* da NBA – confessa tédio na quarentena: "eu sinto que acordo todos os dias sem saber direito o que deveria estar fazendo. O que vem a seguir? Devo estar preparado para jogar? É bem confuso."[36]

Após uma década de tentativas, pandas gigantes parecem menos entediados no isolamento: "um casal de pandas gigantes foi flagrado acasalando pela primeira vez, nesta segunda-feira (6), após dez anos de tentativas no zoológico Ocean Park, em Hong Kong."[37]

Ailton Krenak em entrevista ao Globo:

> Basta olhar em volta e ver que não tem ninguém com problemas na Terra, a não ser a gente. *O melão-de-são-caetano continua crescendo aqui do lado de casa. A vida segue. Só o que parou foi o mundo artificial dos humanos. Não fazemos falta na biodiversidade.* Pelo contrário. Desde pequenos aprendemos que há listas de espécies em extinção. Enquanto essas listas aumentam, os humanos proliferam, destruindo florestas, rios e animais. Somos piores que a Covid-19.[38]

8 DE ABRIL

DIA 29

Bilionário dono do Twitter anuncia doação de 30% do patrimônio, US$ 1 bilhão, para enfrentamento da crise do coronavírus.

Pausa pra ver se essa moda pega.

Imaginem os 2.200 bilionários do mundo doando 30% dos US$ 9 trilhões de sua fortuna combinada? Quantas das metas de desenvolvimento da ONU poderíamos atingir?

Pausa novamente.

Vai que a moda pega também entre os ainda mais numerosos quase bilionários...

Nada vai bater essa notícia. Mas, voltando à programação normal:

No estado de São Paulo, coronavírus já mata quase dez vezes mais – 60 por dia – que assassinatos – oito por dia.

UTIs estão chegando à lotação máxima. Pernambuco com 80% e Amazonas com 95%. A partir de semana que vem, o cenário deve piorar.

Este diário faz bem à sua saúde.

Um estudo do Instituto de Ensino e Pesquisa (Insper) mostra que notícias pessimistas – mas realistas – durante a pandemia podem salvar vidas, já que aumentam em quase 10% a probabilidade de as pessoas adotarem medidas preventivas.

Já mensagens otimistas – "é só uma gripezinha" – reduzem em 15% a disposição das pessoas de se prevenirem contra o vírus.

Muita gente ainda desrespeita o isolamento e passeia na rua sem necessidade.

Cingapura entra em quarentena obrigatória por 30 dias. Antes modelo de contenção do vírus – junto da Coreia –, assume que perdeu o controle.

As polêmicas nas redes sociais, e também os memes, têm reduzido. Parece que a maioria está ansiosa pelas semanas ruins que estão por vir.

A principal discussão agora é sobre metodologia científica para testar efetividade de medicamentos. Alguns remédios "milagrosos" – como a cloroquina – já estão sendo contados como efetivos sem grupo de controle algum, apenas na "fé", bravatas de governantes e exemplos de casos isolados.

De tanto cozinhar, a conta de gás subiu 30% aqui em casa. Hoje, pra manter a tradição, teve feijoada. Desde o começo da quarentena, ainda não pedimos *delivery*.

Fico pensando que esse diário acaba refletindo o humor do dia. Às vezes, parece mais agressivo com alguns governantes; outras vezes, com mais humor. Outras ainda, focando mais na tristeza do caos que estamos vivendo.

Pensando no leitor folheando esse livro daqui uma ou duas décadas, pode ser interessante esse sobe e desce.

Já são 800 mortos no Brasil.

Governo anuncia campanha a favor da cloroquina mágica.

Sem relação com esse medicamento ainda não comprovado, idoso em grupo de risco – 86 anos com treze doenças crônicas – se recuperou da Covid-19 na China. Total de recuperados já soma 300 mil no mundo.

Viram? Terminamos com notícia boa – mas lembrem-se sempre das ruins e fiquem em casa.

9 DE ABRIL

DIA 30

Após 75 anos, com redução da poluição, a cordilheira do Himalaia pode ser vista a 200km de distância da cidade de Jalandhar, Punjab.

Copacabana Palace fecha pela primeira vez em 97 anos. Só reabrirá em maio – a princípio.

EUA tem 2 mil mortes em 24h.

Economia: PIB da França cai 6% no trimestre – pior resultado desde 1945 –, e país entra em recessão. Alemanha prevê queda de 4% no PIB anual. Nos EUA, prevê-se 5% de queda. OMC prevê retração de até 30% no comércio mundial. PIB do Brasil deve cair quase 10% se isso ocorrer.

Homem fura quarentena e destrói Porsche de R$ 5,1 milhões em Nova York.

Em São Paulo, apenas 50% das pessoas estão cumprindo a quarentena, ideal seria acima de 70%.

Viraliza meme de dançarinos de Gana que fazem danças em velórios profissionalmente: "quando o cliente vem até nós, perguntamos: 'Você quer algo solene ou um pouco mais de teatro? Ou talvez uma coreografia?', diz Benjamin Aidoo, chefe dos carregadores de caixão, em documentário da BBC."[39]

Um homem fantasiado de morte foi visto circulando pela cidade pedindo para pessoas saírem das ruas.

Ontem, teve panelaço intenso no pronunciamento de BolsoNero em rede nacional. Se estivéssemos sem isolamento, como era o plano dele, já seriam milhares de mortes a mais já na próxima semana – total é de 941 nesta véspera de feriado.

Seu discurso voltou a defender a cloroquina que tem a mesma efetividade científica que tomar Nescau ou comer Sucrilhos. Aliás, mais gente deve ter se curado naturalmente com Sucrilhos que com cloroquina – ironia, não há como estabelecer causalidade ainda, sem estudos científicos completos.

Bolnossauro errou sua previsão de que coronavírus mataria menos que H1N1. Em 40 dias já passou o q H1N1 matou em 2019 inteiro.

Apenas Tocantins continua sem morte no momento.

O Supremo teve de intervir e, em uma liminar, impediu que o presidente retire as medidas de isolamento nos estados. O rei está nu e até já é visto mais manso conversando com seu Ministro da Saúde.

Um amigo foi mordido pelo cachorro do vizinho no elevador e teve de ir ao hospital pra parar o sangramento. Não era a melhor hora desse passeio.

Uma amiga passou o dia sem uma das lentes dos óculos. Só percebeu à noite. Como não teve vídeo conferência no dia, ninguém mais percebeu também.

Live de Marília Mendonça é a nova recordista de *views* no YouTube com mais de 3,5 milhões.

Amanhã é um feriado pra refletir: o que a gente achava essencial antes dessa quarentena e que parece menos relevante agora? O que achávamos menos importante antes e que parece essencial agora?

10 DE ABRIL

DIA 31

Hoje é Sexta-feira Santa. Vários locais tiveram fila pra compra de ovo da Páscoa e peixe pelo país, que perde a vida, mas não a fé.

Logo cedo, a janela de um prédio próximo gritou duas vezes pra alguém na rua: "Vai pra casa, vagabundo!"

Em outro prédio, ainda de manhã, um megafone fazia algum discurso da janela – não deu pra entender – e várias outras janelas, e algumas panelas, aplaudiam.

Fizemos doce de leite caseiro. Não deu certo, ficou super duro, parece puxa-puxa.

Ontem, num *call*, alguém perguntou pra uma participante: "E aí, como está seu filho?" – esse filho já tinha feito um escarcéu num outro dia.

Aí ela suspirou, sorriu e virou a câmera. O filho estava lambendo um espelho na parede ao lado dela. O *call* ficou leve e todos mais compreensivos.

Pega fujão: "paciente com coronavírus foge de hospital e é recapturado em Jundiaí."[40]

Consumo com cartão de crédito ou débito cai quase 50% no Brasil.

Boa notícia. Na China, cães oficialmente não são mais considerados alimentação. O governo reclassificou-os para *pets*, em resposta à Covid-19.

Má notícia: o continente africano só tem três respiradores para cada cinco milhões de pessoas.

Boa notícia: quarentena na Nova Zelândia está funcionando tão bem que o número de recuperados por dia já é maior que o número de infectados. Ainda assim, vão manter um total de quatro semanas para garantir estabilidade na volta à vida normal.

Má notícia:

> [...] imagens de satélite mostraram que garimpeiros estão ampliando o desmatamento dentro da Terra Indígena Yanomami, em Roraima e no Amazonas. [...] Estão a apenas 5 quilômetros de uma roça indígena criada pelo grupo yanomami, que vive em isolamento voluntário, e é ainda mais vulnerável ao vírus por nunca terem recebido qualquer vacina.[41]

Ontem, uma jovem yanomami de quinze anos morreu em um hospital em Boa Vista.

A República Democrática do Congo anunciou uma nova morte por Ebola, quando a epidemia de dois anos já parecia controlada. Iriam oficializar na segunda-feira o fim da epidemia.

O país já tem cinco mortos por coronavírus.

Após cinco anos em guerra, o Yemen – 30 milhões de pessoas – possui a maior crise humanitária do mundo segundo a ONU. Hoje, pra completar, identificou o primeiro caso de infecção pelo vírus. Um dos lados do conflito anunciou que vai parar os ataques.

Mundo chega a 100 mil mortes e 1,6 milhões de infectados.

Há dez dias, no final de março, era metade desse total de mortes e infectados. Há vinte dias, eram só 10 mil mortes e 400 mil infectados.

E isso porque o caos era só na Europa. É agora que a tragédia vai começar na América Latina e África...

Boa Páscoa com isso em mente.

12 DE ABRIL

MADRUGADA DE SÁBADO PARA DOMINGO, DIA 32

E pensar que o ano começou com a Austrália em chamas...

Hoje, domingo, EUA e Itália chegarão a 20 mil mortes. França, 14 mil.

O megafone do prédio vizinho animou o pessoal sexta, às 22h, pedindo – e sendo atendido – por aplausos para os médicos e profissionais dos serviços essenciais que precisam se arriscar nas ruas.

Pelas 17h desse sábado, teve uma carreata buzinando pela avenida aqui ao lado. Não deu pra ver, mas diversos prédios xingaram Bolnossauro por uns vinte minutos e bateram panela. Depois descobrimos que a carreata era de seres pré-históricos que buzinavam em seus carros a favor de mais mortes com o fim do isolamento.

Em um vídeo na Av. Paulista, essa carreata impediu a passagem de duas ambulâncias. Outros vídeos mostravam que a manifestação também era contra o Dória, a Globo e a China.

Parece que virou *trend topic* uma *hashtag* incentivada também por robôs pedindo Nobel da Paz para BolsoNero.

Viraliza relato de uma médica – Nathalia Guapyassu – em um hospital de São Paulo. Segue um trecho:

> Intubando uma mãe cujo filho já faleceu por Covid-19 na uti ao lado, e a mãe ainda não sabe. Passando boletim/visita médica por telefone falando pra uma mãe que a função renal do seu filho de 36 anos piorou e que o jovem, saudável, precisará entrar em diálise. Dando notícia de óbito pra uma filha que IMPLORA pra se despedir do seu pai que ainda não tem resultado Covid positivo. [...] Assistindo colegas médicos (que trabalharam comigo há poucos dias) sendo levados a UTI em estado grave e a maior referência de neuroanatomia do Brasil, autor do livro que todos nos baseamos durante a faculdade, morrer também sem velório em tempos de Covid. Assistindo enfermeiras que tanto admiro apresentando síndrome do pânico e a mesma sensação de cada profissional de saúde se sentindo um otário por se expor e se isolar de suas famílias enquanto o brasileiro leva uma vida normal em plena pandemia...[42]

Em vídeo *happy hour* com uma amiga médica do Hospital das Clínicas, ela confirma esse cenário. Sistema está chegando no limite. O pai de um amigo dela morreu também essa semana de Covid. Os dados estão defasados em mais de dez dias. Os casos são mais de cinco vezes o que está sendo notificado.

Dória estuda multar e prender se São Paulo não chegar a 70% de isolamento. Hoje, está em 50%, o que lotará o sistema de saúde em uma semana. Em parceria com empresas telefônicas, buscarão rastrear celulares para evitar aglomerações.

Depois de Trump roubar equipamentos do Canadá, França e Brasil, os próprios brasileiros completam o crime: "Policiais detiveram, neste sábado (11) mais de dez suspeitos de integrar uma quadrilha que roubou 15 mil testes para COVID-19 e 2 milhões de máscaras do Aeroporto Internacional de Guarulhos."[43]

Bulgária dando exemplo: "parlamentares e ministros búlgaros doarão seus salários ao sistema público de saúde enquanto as medidas de contenção devido à pandemia de Covid-19 permanecerem em vigor."[44]

Um terço dos locatários deram calote no aluguel esse mês nos EUA.

Canais esportivos estão vivendo de reprises de grandes jogos. Até a Globo vai entrar nessa, nesse domingo, mostrando Brasil 2 x 0 Alemanha na final da Copa de 2002.

12 DE ABRIL

DIA 33: DOMINGO DE PÁSCOA OU IDADE DE CRISTO?

A louça continua brotando na pia numa velocidade nunca vista neste país. Parece que os detergentes estão furados. Antes demoravam meses pra terminar, né?

Fizemos pastel de forno, ficou parecendo empanada argentina.

A Argentina está com casos bem mais controlados que o Brasil. Com 25% da nossa população, tem menos de 10% das mortes. Lá a quarentena foi obrigatória e uma das mais restritivas do mundo desde o início.

Fomos ontem ao mercado. Terceiro sábado, terceira saída na quarentena. O cenário já mudou. Pelo menos 50% usavam máscaras – mas, pelo menos 50% desses, do jeito errado.

Estou terminando a leitura do livro *Infiel*, de Ayaan Hirsi Ali. Nascida na Somália, sofreu mutilação sexual e espancamentos, morou também na Arábia Saudita, Etiópia e Quênia, se rebelou contra a opressão do Islã – ao menos da ala não pacífica –, fugiu para Europa, foi eleita deputada. Depois, ameaçada de morte, fugiu para os EUA e foi eleita uma das cem pessoas mais influentes do mundo pela revista Time em 2005.

No livro, além do choque cultural nos abrigos da Holanda, ela descreve passagens por campos de refugiados. Fiquei lembrando dessa crise migratória que se intensificou no final de 2014 com a guerra na Síria e o avanço do Estado Islâmico.

Existia todo um xadrez político complexo, mas o inimigo era real, concreto. Vídeos viralizavam de cabeças sendo cortadas, crianças afogadas fugindo em barcos superlotados.

O inimigo agora é invisível e, na medida em que essa palavra não soe ofensiva, é também mais "suave". Não derruba torres nos EUA, não bombardeia escolas no Iraque, mas se espalha no aperto de mão e nos abraços, isola e mata suas vítimas em uma semana de solidão.

O complexo jogo político que o vírus força são discussões sobre investimentos em ciência e apoio financeiro a desempregados e pessoas em situação de vulnerabilidade social.

Após sobreviver a esse inimigo invisível, milhões vão voltar a viver abaixo da linha da pobreza. Também vão precisar de uma renda básica para recomeçar a vida, assim como os refugiados na crise anterior.

Alguma mudança no modelo econômico global precisa surgir, seja por imposto de renda negativo ou renda básica universal. Os próximos dois ou três anos de recessão podem virar uma revolução violenta se acharmos que dá pra seguir com um "sistema normal".

Em 2017, a McKinsey analisou 45 economias – 90% do PIB mundial – e calculou que 800 milhões de pessoas perderiam o emprego até 2030 por conta da automatização e tecnologia.

O problema já existia antes, só foi acelerado.

Precisamos não só encontrar a vacina contra o vírus, mas também contra o insustentável formato do que considerávamos progresso.

Meu gato tomou bastante sol nesse domingo. O dia estava bonito.

Hoje, o mundo alcançou a marca de 7,777 bilhões de seres humanos.

13 DE ABRIL

DIA 34

"Eu não segui as regras de confinamento e sinto muito por isso". Escrever essa frase 500 vezes foi a punição que turistas sofreram ao serem flagrados pela polícia de Rishikesh, na Índia. Que lei é essa?

Prefeito de Duque de Caxias, que dizia que a cura estava na igreja e que cultos deviam continuar aglomerando pessoas, é internado num hospital – não numa igreja – com coronavírus.

Após dez dias, paciente de 97 anos sai do hospital curada em São Paulo.

Uma médica de 66 anos morreu por Covid-19 no Ceará. Antes de ser internada, participava de carreatas contra o isolamento social, falava em conspiração e dizia que outros vírus como H1N1 matam mais. A família apagou suas publicações nas redes sociais.

Ministro da Saúde dá entrevista no *Fantástico* dizendo que presidente deixa o povo confuso: "não sabe se escuta o Ministro da Saúde ou se escuta o presidente."[45]

No mesmo domingo, com muito menos audiência e capacidade de lidar com a crise, o presidente fazia uma *live* com religiosos dizendo que a pandemia está acabando.

Aumenta 50% o desmatamento da Amazônia no primeiro trimestre de 2020, comparado ao de 2019.

Organização dos Países Exportadores de Petróleo (OPEP) anuncia corte na produção de petróleo quatro vezes maior do que o feito na crise de 2008.

Uber faz campanha agradecendo clientes a não usarem Uber – e ficarem em casa.

Itaú anuncia doação recorde de mais R$ 1 bilhão para saúde. Se a concorrência bancária funciona no Brasil, esperamos para breve as doações bilionárias de Bradesco e Santander.

Com queda de casos, Espanha começa a reabrir algumas atividades como construção civil essa semana.

Cristo Redentor veste jaleco de médico.

Já são 29 mil presos libertados até agora para reduzir superlotação das cadeias.

As 2 mil mortes diárias que os EUA vêm observando são como dez *boeings* por dia caindo por lá.

G20 está estudando moratória da dívida para países pobres.

O mundo precisa de mais 1 milhão de economistas pensando na recessão. Hoje, é o momento de os médicos serem heróis. Amanhã, os economistas. Mas eles precisam começar a discutir soluções pra ontem.

Completamos dez dias em sequência dos exercícios de sete minutos. Estamos disciplinados!

Em 23 dias de quarentena, também já foram dez garrafas de vinho e três caixas de cerveja... Estamos disciplinados nesse sentido também.

Compramos um pacote de rúcula, mas acabou estragando. Salada está difícil. O almoço hoje foi cachorro-quente.

Estamos na quarta segunda-feira dessa 40tena. Que em mais quatro semanas eu escreva aqui que o pior já passou.

14 DE ABRIL

DIA 35

Hoje, o pôr do sol foi compartilhado em massa nas redes sociais, foi muito bonito.

Notícia nada bonita da OMS: vírus é dez vezes mais letal que a pandemia de H1N1 em 2009.

Brasil passa de 200 mortes por dia. São Paulo tem quase 10 mil internações por síndrome respiratória em três semanas. Isso já é mais que 2019 inteiro.

Duque de Caxias, no Rio de Janeiro, chega a 100% da lotação das UTIs. Prefeito continua internado.

Filas se espalham pelo país para sacar os R$ 600 de ajuda emergencial. Pessoas dormem na fila.

Ex-militar de 99 anos, que serviu na Segunda Guerra, saiu hoje curado de hospital em Brasília.

Suplicy comemora que talvez ainda esteja vivo quando sua proposta de renda básica começar a ser aplicada em maior escala.

Amsterdã oficializa "modelo *doughnut*" para sua economia pós-coronavírus. O que deve envolver renda básica do Suplicy – ou imposto de renda negativo.

Mas isso pode demorar... Projeções de Harvard – publicadas na *Science* – indicam necessidade de quarentena alternada pelo menos até 2022.

Pastor, que era contra fechar cultos, morre nos EUA com Covid-19. Já são mais de 25 mil americanos mortos.

As pessoas ainda estão se acostumando às videoconferências. Em uma aula de arte, que assistimos ontem, as pessoas esqueciam de desligar microfone. Enquanto a professora explicava uma pintura, ouvimos: broncas em crianças, conversas com cônjuges, ligações e um celular que não parava de vibrar. Sem perceber a câmera aberta, uma pessoa mexia no nariz.

Ouvi do espelho: "Aproveitando essa quarentena pra refletir?"

Meu gato busca um novo livro pra ler em seu confinamento. Eu busco séries. Preenchi a corrente abaixo, aceito sugestões novas pra quarentena, já que pode ir até 2022...

1. Nunca assisti: *Battlestar Galactica*;
2. não sinto vontade de assistir: *Game of Thrones*;
3. assisti mais de uma vez: *Friends* – não inteira, óbvio;
4. última que maratonei: *Ozark*;
5. todo mundo gosta e eu não: BoJack Horseman;
6. abandonei: *La casa de papel* – só vi até a segunda temporada;
7. me frustrei: *Orange is the New Black*;
8. surpreendeu: *Norsemen* e *Shippados*;
9. a melhor: *Breaking Bad* e *Twilight Zone*;
10. *reality*: *Cosmos* e *F1 - Drive to Survive*;
11. emociona: *The Office* e *You*;
12. quero assistir: *Peaky Blinders*;
13. marcou a infância: *Jaspion*;
14. marcou a adolescência: *Anos incríveis* e *Arquivo X*;
15. recomenda: *The Affair*, *Fleabag* e *Chernobyl*;

16. cancelaram e sofri: *Black Mirror* – não cancelaram, mas demora tanto que daqui a pouco vamos perceber que entramos na série;
17. pra relaxar: *Family Guy* e *Silicon Valley*;
18. um clássico: *Monty Phyton*.

15 DE ABRIL

DIA 36

Ontem, nem tinha caído a ficha. Agora, caiu. Foi um balde de água fria a previsão do estudo de Harvard, de que nada volta ao normal esse ano.

Parece quando subimos uma montanha, achamos que íamos bem, aí olhamos pra cima e... ainda falta muito. E aí não sobra fôlego...

Mundo chega a 2 milhões de contaminados. Duas semanas atrás, eram menos de 1 milhão.

Na Nova Zelândia, governo corta 20% dos próprios salários.

No México, times de futebol organizam torneio *on-line* de videogame no FIFA. Seria uma boa pra cá também.

No mesmo dia em que dá US$ 25 bilhões para companhias aéreas, Trump suspende contribuições dos EUA à OMS – o que representa 22% do orçamento da organização.

Duas farmacêuticas – Sanofi e GSK –, gigantes e concorrentes, se unem para tentar lançar vacina em doze meses. Outras 70 vacinas estão sendo desenvolvidas pelo mundo.

UTIs de hospitais públicos de São Paulo chegam a 80% de lotação por Covid-19.

Calcula-se que o auxílio de R$ 600 deva chegar até 70 milhões de brasileiros – para mães de família, o valor será dobrado. Mais de um terço do país. Governo nega 30% dos pedidos.

Desde o tombo – de 110 mil pra 63 mil pontos –, a Bolsa de Valores já subiu quase 30% em 20 dias.

Pôr do sol foi tão compartilhado – saiu até no jornal ontem – que resolveu repetir o show. No mundo pré-coronavírus, nesse horário estava todo mundo xingando no trânsito ou nos metrôs. No mundo atual, ficam todos na janela tirando foto.

16 DE ABRIL

DIA 37

Harvard, Boston University e outras universidades já consideram voltar às aulas presenciais só em 2021.

O G20 anuncia suspensão da dívida dos países mais pobres por doze meses.

O STF, em sessão *home office*, dá 9 x 0 contra Bolnossauro e garante que decisão sobre quarentena fica com estados e municípios, não com ele.

Mundo alcança 140 mil mortes em quatro meses. Chernobyl chegou a esse número em vinte anos – como consequência da radiação, mas não há consenso.

Ucrânia afirma que incêndio próximo a Chernobyl está sob controle – relembrando: a região deverá ficar desabitada por 20 mil anos.

É interessante comparar os dois desastres, ambos são inimigos invisíveis. Ou você entende a ciência – física e biologia de átomos e vírus – ou o pior acontece. Nenhum Malafaia rezando com seu culto aglomerado lá ou aqui está em segurança.

Comparando os tamanhos dessas ameaças invisíveis:

- se tivéssemos 2 mil metros de altura, o coronavírus teria o tamanho de uma moeda;
- se o coronavírus tivesse o tamanho da Terra, um átomo seria do tamanho de uma bola de tênis.

Em Chernobyl, essas "bolas de tênis" são metralhadas para dentro das células humanas. Na pandemia atual, as "moedas" não atravessam, mas se infiltram e multiplicam.

O *Washington Post*, ontem, elegeu BolsoNero como o pior presidente do mundo e pediu para Trump ligar pro amiguinho mandando-o parar de agir como moleque:

> O texto de opinião assinado pelo conselho editorial do veículo americano tem como título *"Líderes arriscam vidas minimizando o coronavírus. Bolsonaro é o pior"*. Ao lado do brasileiro estão os presidentes do

Turcomenistão, Belarus e Nicarágua..[...] Quando as infecções começaram a espalhar no país, o populista de direita chamou o coronavírus de "gripezinha" e pediu que os brasileiros "enfrentassem o vírus como homem, não como moleques", registra o artigo sobre Bolsonaro.⁴⁶

Trump não ligou.

Hoje, o pior presidente do mundo demitiu seu Ministro da Saúde. Colocou um substituto que participou de sua campanha, certamente mais alinhado a deixar morrer e fazer jejum para enfrentar a crise.

Hoje, nem vi o pôr do sol.

Amanhã, por conta do coronavírus, 188 brasileiros não verão o dia nascer.

17 DE ABRIL

DIA 38

Segundo *Washington Post*, tudo pode ter começado mesmo em um acidente de laboratório em Wuhan. A busca pelo paciente zero continua.

Com perda de receita, zoológicos alemães estudam abater alguns animais para alimentar outros.

EUA registram 4.500 mortes em 24h, novo recorde. Passam de 30 mil no total. Trump insiste que o pico já passou.

Começam a surgir protestos nas ruas dos EUA também, como aqui, para acelerar reabertura da economia. São sinais positivos para Trump na eleição deste ano:

Pesquisa com maiores economistas de Chicago – escola de Guedes – é unânime contra a reabertura.

No Rio de Janeiro, milícia obriga comércios a reabrirem.

Estudo francês diz que cloroquina, aquele remédio salvador do mundo do presidente, não é efetivo.

Fiocruz sofre ataques virtuais de bolsonaristas. Grupo de 70 pesquisadores trouxe resultados preliminares também contra cloroquina. Pesquisadores de Manaus recebem ameaças de morte.

Uma jovem de dezessete anos morre no Rio de Janeiro, mesmo tendo se tratada com o medicamento.

#ForaBolsonaro fica em segundo lugar no *trending* no Twitter mundial.

Não percam as contas:

- Os 58 bilionários brasileiros possuem um patrimônio de mais de R$ 800 bilhões;
- o maior deles, Joseph Safra, com R$ 125 bilhões, anunciou doação de R$ 20 milhões para hospitais públicos. O que significa 0,015% de seu patrimônio. É isso, Arnaldo?;
- qualquer um já doou muito mais de 0,01% do que tem de patrimônio. Que vergonha, senhor banqueiro!

Nosso *top level* não olha muito para baixo. Existe até ranking para isso. Em 2018, no World Giving Index, "ficamos no 122º lugar. Esse levantamento é baseado em três comportamentos específicos: ajudar um desconhecido, doar dinheiro e fazer trabalho voluntário."[47]

Somos o pior país da América do Sul no *ranking*. No continente africano, só ganhamos de Mauritânia e Tunísia. Os melhores são, nessa ordem: Indonésia, Austrália, Nova Zelândia, EUA e Irlanda.

Amanhã, *off-line* por um bom motivo. É aniversário de seis anos do meu gato. Sabem o que isso significa? Nada. Todo dia dele é sempre o mesmo dia dele de sempre.

19 DE ABRIL

DIAS 39, SÁBADO *OFF-LINE*, E 40, DOMINGO DE SOL

Hoje, temos textão, mas deve valer por quatro dias.

Vou tirar folga até o dia 44 dessa 40tena. Volto na quinta, mais *detox*.

Há mês mês, no dia 8 desse diário, escrevi pra mim mesmo 30 dias no futuro.

Eu disse que...

- a curva de contaminações se achataria – errei;
- o presidente justificaria isso pra provar que era gripezinha – nem sei se errei, mas ele vive tentando;
- Bolnossauro já estaria em isolamento por quatro anos – que pena que errei.

Ontem, o vice-presidente Mourão resumiu bem o mês: "Está tudo sob controle. Não sabemos de quem."[48]

O país continua o mesmo e quase dá preguiça – pra não dizer raiva –: carreatas bolsonaristas durante final de semana, inclusive atrapalhando hospitais; BolsoNero discursando – e tossindo muito – em ato a favor da ditadura e do AI-5; apoiadores compartilhando análises terraplanistas dos números da pandemia.

Faz quatro dias que desisti de conversar racionalmente com bolsominions. E fez um bem danado, traz paz de espírito. A lógica desse grupo, assim como dos terraplanistas, é tão descolada da realidade, que só resta ignorar – pelo menos nos fóruns não relevantes. Enfrentar apenas os fortalece. Precisam sempre de atenção e de um inimigo. Antes, o principal era o Mandetta. Agora o foco é no Maia e na Lady Gaga.

Vídeo mostra corredores de hospital de Manaus. Diversos leitos de pacientes ao lado de cadáveres ensacados. Governador afirma que estão em colapso. Geralmente, são 30 enterros por dia. Só na quinta, foram 100.

Maranhão comprou respiradores da China, direcionando pela Etiópia e sem informar a alfândega brasileira. Para receber encomenda, "depois de ter sido atravessado por Alemanha, EUA e governo federal, estado montou operação de guerra."[49]

Colapso do sistema de saúde japonês, denunciam associações de médicos. Em um caso, ambulância teve de passar por 80 clínicas até encontrar vaga. Em outro, um paciente com febre foi recusado por 40 hospitais.

Lá, possuem apenas cinco leitos de UTI para cada 100 mil habitantes. Menos até que a Itália – doze leitos.

Tailândia e Argentina também proíbem álcool na quarentena. O objetivo é reduzir necessidade de leitos para violência doméstica e acidentes de trânsito.

Lobos passeiam por São Francisco vazia. Vídeos de macacos soltando pipa e nadando em piscinas na Índia rodam a internet.

Ouvi por aí: "Em quarentena, se você não tem que educar crianças em casa, 10h já é um bom horário pra abrir um vinho."

Foi marcante, um fato histórico que arrecadou R$ 650 bilhões, o festival #OneWorldTogetheratHome: 8h de música e mensagens para todos ficarem em casa. Assistimos inteiro. O festival foi dedicado aos trabalhadores que estão na linha de frente da saúde e infraestrutura de serviços essenciais.

Imagens e relatos da pandemia: padre, da janela, casando noivas na calçada; avós conhecendo netos pela janela; aniversário comemorado da calçada, com aniversariante na porta de casa; enfermeiros que não voltam para casa evitando contaminar a família; Laura Bush e Michelle Obama juntas com a mesma mensagem.

Ouvi por aí: "A frase correta deveria ser isolamento físico, não social. Socialmente, deveríamos era estar ainda mais próximos – virtualmente, claro."

Essa semana conseguimos comprar máscaras. Ontem, foi apenas a quarta saída em 30 dias. Fizemos compras mascarados pela primeira vez. Pareceu mais tranquilo.

Hoje, teve mais *reprise* de futebol na Globo. Brasil 4 x 1 Argentina, em 2005, em um mundo que não existe mais. Um mundo em que Ronaldinho Gaúcho jogava solto no meio do campo.

Iniciando os 4 dias de descanso desse diário, a situação é:

- *164 mil mortes no mundo;*
- *40 mil nos EUA;*
- *80 mil somando UK, França, Espanha e Itália;*

- *2,4 mil aqui no Brasil;*
- *Na Argentina? Apenas 130.* Lá, também começaram o isolamento há aproximadamente um mês. Mas sem palhaçada nem alucinação governamental.

23 DE ABRIL

DIA 44, POIS ROUBEI, FORAM SÓ 3 DIAS DE PAUSA

Voltei um dia antes, mas aí me dou folga no feriado da semana que vem. Esse diário só termina quando oficialmente o coronavírus não for mais uma pandemia. Será que teremos umas 100 páginas nesse livro mesmo?

A sensação foi boa de não acompanhar notícias pelo menos por dois dias. Com essa calma artificial, deu pra maratonar uma série inteira e alguns filmes entre segunda e o feriado de terça.

Sumiram as notícias de crimes, que eram presença constante nos jornais, né? A impressão é de que reduziram assaltos e latrocínios… Calma artificial também? Vou buscar dados.

No elevador do prédio, novas regras de convivência foram reforçadas, com atenção especial ao barulho de saltos e sapatos. Quem usa isso em quarentena? Meu sapato já nem lembra que existo.

Pesquisa aponta que 60% das empresas brasileiras pretendem manter práticas de *home office* ao terminar a pandemia.

Continuam a proliferar *lives*. Teve até do Roberto Carlos. Assistimos Sandy e Júnior com duas garrafas de vinho. Em 3h, foram R$ 2 milhões doados – recorde –, num total de mil toneladas arrecadadas – 5 milhões de refeições.

Com mil mortos, a África é, junto com a Oceania, um dos continentes menos atingidos pela pandemia até o momento.

Bali, com 4 milhões de habitantes, só teve duas mortes até agora por coronavírus, mesmo tendo recebido mais de 200 mil turistas chineses no final do ano – possuíam cinco voos semanais direto de Wuhan até metade de janeiro.

Boas notícias vindas de um amigo que mora em Moçambique: só estão com 46 casos de coronavírus e nenhuma morte. Fazem testes em uma centena de pessoas diariamente, quarentena não é obrigatória, mas população está se isolando bastante. Com praias vazias, um hipopótamo foi filmado tomando banho de mar.

O maior problema nos países pobres tende a ser mesmo fome aguda. Segundo a ONU, 135 milhões de pessoas estão nessa condição hoje e, com a crise, esse número dobrará.

A Amazon não está dando conta de tanta entrega pra tanto quarentenado. Até mudou seu site para *reduzir* vendas – tirou promoções, cupons de desconto, incentivos e recomendações que induzem clientes a aumentarem o carrinho.

Após a crise postergar diversos casamentos, o #zoomwedding se popularizou. Agora, inclusive, oficialmente em NY o estado reconhece o casório *on-line*.

Na segunda, os contratos de petróleo – que venciam na terça – caíram a preços negativos pela primeira vez na história. Ninguém tinha como buscar nem demanda pra revender, então tentava se livrar da mercadoria.

Dólar aqui foi a R$ 5,40.

China anuncia nova doação de US$ 30 milhões à OMS, para compensar bloqueio de Trump.

Vídeo mostra shopping em Blumenau abrindo as portas cheio de gente. Consumidores entram ao som de um saxofone, como se estivesse tudo tranquilo.

Novo Ministro da Saúde prometeu, para semana que vem, um "plano de saída" para a quarentena.

Hoje, Brasil teve 407 mortes. Já são mais de 3.300 no total.

Maia tem 24 pedidos de *impeachment* na gaveta aguardando ser pauta. O último veio do PDT ontem.

Moro pede demissão após presidente anunciar que trocará comando da Polícia Federal. Governo tenta reverter decisão do ministro. Amanhã saberemos.

Quinta passada, foi a demissão do Mandetta. Hoje, Moro. Quinta que vem, será que o Guedes também chuta o balde?

24 DE ABRIL

DIA 45

Dia louco e triste para o Brasil, né?

Segunda-feira, tínhamos 164 mil mortes no mundo. Nas próximas horas, completaremos 200 mil mortes. Mas que dia louco e triste para o Brasil, né?

Trump ontem sugeriu, sem brincadeira, injetar desinfetante em infectados. A expressão da cientista ao seu lado era de "pelamormetiremdepertodesselouco".

Mas, por mais incompetência que exista nos líderes lá fora, nada parece superar nossa novela aqui, né?

Hoje, tivemos mais quase 400 mortes no Brasil, sem contar a subnotificação. Ambulâncias rodam cidades sem encontrar leitos de UTI. Lotações chegam a 100% em hospitais importantes de São Paulo, Rio de Janeiro e outras cidades críticas.

Moro oficialmente se demitiu às 11h delatando crimes de Bolnossauro.

E às 17h, em meio a um imenso panelaço e toneladas de mensagens descrentes nos grupos de WhatsApp e outras redes sociais, tivemos a *live* mais lamentável dessa crise. Um presidente diminuto, aglomerado com ministros desconfortáveis, errava a idade do filho e discorria sobre motor da piscina em meio a outras ladainhas.

Não tenho ânimo para me alongar. Esse diário é sobre a pandemia.

A política sempre aparece, mas não deveria ser protagonista.

Trump e BolsoNero são os mais incapazes do planeta para liderar grandes nações – e até para liderar pequenas. E vivem voltando a se infiltrar nesse diário.

Amanhã, *off-line*. Domingo, #ForaBolsonaro.

26 DE ABRIL

DIA 47

Sábado *off-line* gerou uma ansiedade de ver notícias sobre política. Foi mais difícil que os anteriores. No *Jornal Nacional* de sexta, Moro mostrou mensagens trocadas provando a interferência do presidente. Os memes se acumularam pelo sábado inteiro. Cheguei só à noite. A semana promete.

O isolamento aqui em São Paulo está abaixo de 50%, mesmo com a cidade passando de mil mortos e com luto oficial de 3 dias.

De 10 a 20 de março, em São Paulo, dobraram as mortes em casa – foram 120 no total. São em média 200 por dia, fora essas não notificadas. No mínimo, estamos vendo um avião lotado cair na cidade todo dia, mas...

Sábado, teve festa até de madrugada na casa da Gabriela Pugliesi, uma das primeiras a pegar e se curar de coronavírus. Perdeu contratos e teve de se desculpar. Uma das amigas tentou justificar que era tipo ir à padaria.

E, hoje, teve protesto na Avenida Paulista contra isolamento, Dória, Globo, comunismo, a luz do sol e a curvatura da Terra.

O *New York Times* calcula subnotificação de quinze vezes no Equador. Deve ser muito próximo do que temos aqui, mas se fosse só um terço dessa taxa, seriam mais de 2 mil mortes diárias no país. Pro nosso tamanho continental, é muito mais plausível do que os números "oficiais".

Nos EUA – só em NY –, com outro presidente inviável, em poucas horas foram 30 pessoas intoxicadas após ele recomendar ingerir detergente.

Com caos na economia, Líbano libera plantio de maconha para fins medicinais – estimam movimentar US$ 1 bilhão na economia com a medida.

Com caos reduzindo, Espanha registra menor número de mortes desde 20 de março. Foram "só 288".

Que essa semana traga notícias mais positivas, além dos já esperados *circuit breakers* econômicos e políticos.

Da Exame: "55% dos 1,2 milhão de posts que usaram a *hashtag* #BolsonaroDay foram feitas por robôs."[50]

Robôs não se preocupam com vírus biológico, né?

27 DE ABRIL

DIA 48

Começando a sexta semana no mesmo ciclo das últimas. Parece que entramos num limbo.

Não lembro mais como era a vida andando pela rua tenso com bateria do celular acabando. Esse problema, ao menos, deixou de existir. Tomadas estão sempre a um braço de distância.

Do escritor Julian Fuks:

> [...] isolado em quarentena, o tempo estancou e se recusa a exercer o seu efeito. *As horas se repetem, indistinguíveis, indiferentes, e revelam sua absoluta inutilidade, dispostas apenas a expor o cortejo das nossas tragédias.* Às notícias interminavelmente tristes, somam-se a impotência, o temor, o tédio, o desalento, e assim vão produzindo algo como um inchaço do presente - que ofusca até mesmo o passado mais próximo, e parece bloquear a vista do futuro inteiro.[51]

São quase 50 dias em casa e dois sentimentos conflitantes:

1. felicidade pelas curvas de mortes terem se estabilizado – parece – em alguns países;
2. tristeza por negacionistas continuarem abrindo cidades pelo Brasil antes da hora... Logo seremos o epicentro global da pandemia.

Argentina, com menos de 200 mortes, anuncia mais duas semanas de quarentena obrigatória.

Jacinta Ardern, primeira-ministra da Nova Zelândia, comemora vitória contra coronavírus. Após a quarentena rígida de cinco semanas imposta pelo governo, e apenas dezenove mortes, não há mais transmissão local. Vida deve voltar ao normal em poucas semanas.

Vietnã, com menos de 300 casos e nenhuma morte, também começa a reduzir o isolamento. O país possui a metade da população do Brasil (100 milhões) e conseguiu controlar o vírus após três semanas de quarentena obrigatória.

Nós já estamos na quinta semana de isolamento frouxo e nada de melhorar...

Uma pessoa foi presa em Cingapura por sair 30 minutos antes do horário permitido. Estava comprando café. A pena pode ir de US$ 10 mil a seis meses de prisão – ou ambos.

Vendas de bebidas alcoólicas aumentam 800% na internet.

Aumentam também partos em casa, shows de comédia em pé e programas jornalísticos – alguns cômicos. Pouca produção, parede branca ou estante de livros ao fundo são comuns. E crianças. E *pets*.

Princesa Sofia, da Suécia, atua na limpeza de hospitais como voluntária. Enquanto isso, Palácio da Alvorada passa por desratização. Ratos proliferam em banheiros, jardins.

Não é metáfora, é literal, mas não deixa de ser simbólico.

28 DE ABRIL

DIA 49

Os EUA devem ultrapassar amanhã o número de mortos na Guerra do Vietnã – morreram 58 mil em 20 anos, de 1955 a 1975.

Miley Cyrus sai para tomar café com máscara da Gucci de quase mil reais.

BBB terminou ontem com a médica Thelma campeã, que agora sai do confinamento público para a quarentena "anônima", mas com R$ 1,5 milhão no bolso.

Luan Santana fez *live* de 8h no domingo e bateu recorde de 4 milhões de menções no Twitter.

Em apenas 36 dias – desde planejamento até finalização –, 100 novos leitos são entregues em expansão do hospital de M'boi Mirim. Obra mais rápida da história, iniciativa da AmBev.

No mesmo dia em que STF autoriza abertura de inquérito contra Bolsonalro – e contra Moro, para ver quem mente –, o jornal *Estadão* consegue na Justiça ordem para que o presidente mostre até amanhã o resultado de seu exame.

Deputada Carla Zambelli está ansiosa para experimentar cloroquina e, para isso, explica querer "abraçar alguém com coronavírus para pegar logo e tirar isso da minha cabeça."[52]

Brasil passa a China em número de mortos – mais de 5 mil.

Índice de Isolamento Social, que monitora 60 milhões de celulares no país inteiro, caiu para 51,5% nesta última semana. Já foi de 60% semanas atrás.

Notícias de trânsito nas cidades voltam ao dia a dia. De acidentes também.

Manchetes de quarentena:

- "Panelaços acirram as brigas de vizinhos e enlouquecem síndicos";
- "Fábrica vai sacrificar 2 milhões de aves por falta de funcionários nos EUA";
- "46% dos cariocas dizem que o que mais faz falta na quarentena é o chope gelado".

Ministério da Saúde posta um *tuíte* com receita de pão caseiro. Não porque é importante ficar em casa isolado – isso contraria o presidente, mas porque "sobrou um tempinho extra em casa". Boa noite depois dessa.

29 DE ABRIL

DIA 50

No Irã, 730 pessoas morreram e outras mil estão internadas por ingerirem bebida alcoólica adulterada, que seria um "remédio" contra o vírus.

No Rio de Janeiro: impedida de entrar no mercado Guanabara sem máscara, mulher tira calcinha e põe no rosto. Mesmo assim, não foi liberada para fazer compras.

No Paraná: homem se recusa a colocar máscara ao entrar em supermercado. Entra em luta corporal com segurança, que dispara três tiros. Uma funcionária foi atingida no peito e morreu na hora.

O presidente Bolnoslraso já avisou que não é coveiro, mas suas bravatas matam. Sua falta de capacidade governamental também.

As filas para o auxílio emergencial aglomeram pessoas pelo país inteiro. Poucos conseguem sacar. Era para isso já ter sido resolvido faz meses, mas ele empurrou com a barriga até aqui, até essa calamidade.

"E daí? Lamento. Quer que eu faça o quê?"[53] é a resposta de BolsoNero que já não sabe onde se esconder entre sua incompetência e sua inabilidade intelectual.

Brasil tem a maior taxa de contágio do mundo – entre 48 países analisados, aponta estudo do Imperial College. Aqui, cada infectado contamina mais três. Fora a subnotificação. Essa taxa precisa estar abaixo de 1 para se poder pensar em flexibilizar o isolamento.

Peru e Equador, com quase mil mortos cada, são os dois países mais afetados além do Brasil. Colômbia e Chile vêm na sequência, com 270 e 210 respectivamente.

Venezuela é uma incógnita. Possuem 30 milhões de habitantes – e somente 84 leitos de UTI – e apontam apenas dez mortes. Como medida de comparação, Uruguai tem quinze mortes, mas um décimo da população – 3 milhões – e não está em crise humanitária como lá.

Um motim por medo do coronavírus deixou sete mortos em presídio de Lima, no Peru. Lá, o presidente possui a maior aprovação da história (83%), foi um dos primeiros países sul-americanos a declarar quarentena. Mas, com 72% da população na economia informal, país ainda não conseguiu achatar a curva.

Argentina proíbe voos até setembro. Paraguai suspende aulas presenciais até final do ano. Ronaldinho continua preso em hotel por lá, pagando diária de R$ 2 mil na suíte presidencial.

Já são 50 dias de diário. Não precisava passar de 100 se tivéssemos governo. Tomara que o presidente caia antes do final. Está difícil para o país lutar contra dois inimigos que valorizam tão pouco a vida.

30 DE ABRIL

DIA 51

E lembrar que esse diário começou a ser escrito no metrô... Lá pelos primeiros dias, cheguei a descer na estação errada escrevendo o texto.

Não que tenha saudades de pegar 1h de metrô todo dia, mas todos temos saudades do mundo em que existia a possibilidade de pegar 1h de metrô sem medo.

No mundo, total de mortes passa de 230 mil. Apenas EUA, Reino Unido e Brasil estão com número de mortes diárias acima de 400.

Brasil chega a 6 mil mortes, fora umas 12 mil subnotificadas.

Presidente Bolnolssaro descumpre ordem judicial e não mostra resultado do seu exame. Provavelmente, ele é um dos subnotificados. Hoje, afirmou que já pegou talvez essa "gripe".

Economia americana encolhe 5% no primeiro trimestre, maior tombo desde 1929.

O nosso ministro da economia, pela primeira vez, admite imprimir moeda se "desemprego for em massa". Não sei que parte ele não entendeu dessa crise ainda. O desemprego em massa já está projetado, já é realidade.

Prefeitura de São Paulo desiste de relaxar isolamento a partir de 10 de maio e estuda "bloqueios educativos" em avenidas, para dificultar circulação dos desobedientes.

"Não estamos no pico. O cenário ainda pode piorar muito e não estamos livres de acontecer o que aconteceu em Nova York e em Manaus",[54] afirmou diretor do Sindicato dos Médicos de São Paulo.

Com previsão de sol para o feriadão, estrada para Búzios registra grande engarrafamento nesta quinta.

Belém fecha comércio por decreto – bares, restaurantes etc. –, mas mantém venda de açaí como serviço essencial.

Campeonato francês declara PSG campeão, cancelando 10 rodadas que ainda tinham a disputar – o segundo colocado estava a doze pontos e poderia alcançar. Futebol só volta por lá em setembro.

África do Sul mantém proibição a álcool e cigarros durante quarentena. Lá também começam as pressões para reabrir a economia em busca de uma cervejinha. Estão com apenas 100 mortes – das notificadas.

Manchete de quarentena na Espanha: "Jornalista aparece pelada ao fundo da *live* de apresentador de TV"[55] – que estaria traindo a esposa, e que depois explicou que já tinham se divorciado.

Ainda na Espanha, último paciente sai curado de um Hospital de Campanha que, agora, poderá ser desativado.

Falamos bem do Paraguai ontem. Falemos novamente hoje. Presidente anuncia que não há mais pacientes com coronavírus em UTI por lá. Isolamento começará a ser flexibilizado na próxima semana.

Cientistas de Oxford estão otimistas com testes em humanos – mil voluntários serão testados nas próximas semanas. Acreditam em liberação de vacina já em setembro.

ALGUNS TUÍTES E MEMES COMPARTILHADOS NO MÊS DE ABRIL:

- "Pessoal, boa notícia: abril tem dois feriados pra gente ficar em casa";
- "Deus, quando eu pedi pra emendar o feriado do Carnaval com o do Natal, eu tava brincando viu?";
- "bem lááá na frente, se tudo der certo, a gente trata do alcoolismo";
- "EBITDAC: Earnings before interest, taxes, depreciation, amortization and coronavirus";
- "começa hoje a Semana Santa. Se você ainda não sabe ressuscitar, fique em casa";
- "quem sabe agora neste momento de reflexão, a humanidade entenda de uma vez por todas que é inútil passar roupa";
- "quando o Titanic começou a afundar pediram para os músicos tocarem. Agora eu entendi essas *lives*";
- "qual o primeiro show que você pretende assistir depois do fim da quarentena? Se tudo der certo, Iron Maiden! Se der errado, Jimi Hendrix!";
- "comércio de SP quer antecipar reabertura para não perder Dia das Mães. Preferem perder as mães";
- "instalei um *app* de treino diário, estou há quatorze dias ignorando as notificações."

MAIO

1 MAIO

DIA 52

Justiça determina lockdown em quatro cidades do Maranhão. Primeira medida de quarentena obrigatória no país, aos moldes do que a Argentina fez com sucesso. Polícia já está nas ruas impedindo circulação das pessoas.

Bolnosarro diz que se sentirá "invadido" se tiver de mostrar seu exame. Os brasileiros respondem: "E daí?"

Nem seu amigo Trump o apoia mais. De ontem: "Eu odeio dizer, mas o Brasil está muito alto, o gráfico está muito, muito alto. Lá em cima, quase vertical. O presidente do Brasil é realmente um bom amigo meu, um ótimo homem, mas eles estão vivendo um momento muito difícil."[56] Segundo BolsoNero, a culpa não é dele, "a conta é dos governadores."

Com apenas um voto contra, deputados de São Paulo reduzem 20% do salário e 40% das verbas de gabinete a partir de hoje.

Prefeito de Belo Horizonte: "Pensar em futebol agora é coisa de débil mental".[57] Bolsolsnsraro é a favor.

Em Nova York: "Encontrados dezenas de corpos em decomposição em frente a funerária."[58] Eram 60 cadáveres em caminhões de mudança, sem refrigeração. Dono da funerária disse que não tinha mais onde colocá-los.

Pfizer também está otimista e inicia testes de vacina em humanos na Alemanha.

Manchetes de pandemia:
- "Traficantes de Acari espancam quem sai da quarentena";[59]
- "Homens armados entram no Capitólio de Michigan para protestar contra o confinamento";[60]
- "Manifestantes queimam bancos em protesto contra a crise financeira no Líbano";[61]
- "Rússia ameaça EUA com ataque nuclear por causa de nova arma de Trump";[62]
- "Dona de 500 sapatos, advogada paulista não sabe onde usá-los na quarentena".[63]

Festivais de cinema, alguns cancelados, se unem para criar exibição pelo Youtube. Será uma semana de exibição – início 29 de maio – com filmes de Cannes, Toronto, Berlim, Sundance, Veneza, Tribeca e outros.

Segundo um amigo que escreveu livros sobre Bach, uma música indicada para quarentena seria *Magnificat, BWV 243*. Ontem, com vinho, ficamos ouvindo músicas das últimas viagens e férias – de Bach à *Despacito* –, e até de quinze anos atrás... O mundo era tão legal quando existia, né?

2 DE MAIO

DIA 53, PRIMEIRO SÁBADO *ON-LINE*

No Dia do Trabalho teve *live* de políticos Unidos contra a crise: FHC, Marina Silva, Lula, Maia, Alcolumbre etc. Só o presidente não participou. Não está preocupado.

Hoje, Bolsoorororaro passeou em lanchonete em ruas de Goiás e gerou nova aglomeração. Abraçou pessoas e disse que, se fosse por ele, reabria tudo: "o vírus vai pegar mesmo."[64]

O presidente também ameaça demitir ministros que não lograrem cargos para o "Centrão", que é sua proteção contra *impeachment*.

Hoje, foi como se mais três aviões cheios caíssem: mais de 400 mortes de novo em 1 dia. Fora a subnotificação.

Trecho de matéria do El País sobre situação em Manaus:

'Os pacientes que têm covid sentem muita sede. Tem momento que eles querem muita água. E aí você vê o paciente pedindo água e... você não pode, você não consegue, você está entubando alguém, vendo um outro paciente mais grave. E você não tem ninguém para dar essa assistência para esse paciente'. A médica Uildéia Galvão trabalha 12 horas por dia, todos os dias. Às vezes, 20 horas por dia, para dar conta dos pacientes que chegam ao Pronto Socorro 28 de agosto, em Manaus. A capital do Amazonas é uma das mais afetadas no Brasil pela crise do coronavírus e tem sido palco das histórias mais tristes da pandemia no Brasil. Superlotação em hospitais, avalanche de corpos nos cemitérios, centenas de mortos que não conseguem chegar ao hospital e morrem em casa.[65]

No Recife, SAMU passa a receber 50 chamados por dia por problema respiratório. Antes eram cinco por dia.

Praias do Rio de Janeiro ficaram bastante movimentadas no feriado de sol.

Em Santa Catarina, Secretaria da Saúde gastou 33 milhões em respiradores "fantasma". O desvio está sendo investigado. Em Rondonópolis, Mato Grosso, 4 milhões foram gastos em respiradores falsos também.

Floripa já multa em até 2,5 mil reais quem sai sem máscara. São Paulo começará a multar a partir de segunda empresas do transporte público que tiverem passageiros sem máscara.

No Pará, produtor de repolho não consegue vender seu produto e doa as 8 toneladas que colheu.

No Peru, 120 brasileiros estão presos sem conseguir voltar.

"Queda da poluição evitará 11.000 mortes na Europa" afirma estudo.[66]

Depois de 49 dias confinados, espanhóis puderam sair às ruas neste sábado. Na Alemanha, navio com 3 mil pessoas é colocado em quarentena após identificarem um infectado. Em Viena, com fim da quarentena, houve fila na porta da Louis Vuitton.

No Brasil, continuam filas até de madrugada nas agências da Caixa para retirar auxílio emergencial.

Se não tiver vacina, governador da Bahia já avisou que não terá Carnaval em 2021. No que está certíssimo.

Manchete agora em Portugal: "O prefeito da cidade brasileira de Manaus, Arthur Virgílio Neto, pediu ajuda ao primeiro-ministro português, António Costa, queixando-se da falta de apoio do Governo de Brasília, para responder à pandemia da covid-19."[67]

3 DE MAIO

DIA 54

Brasil passa de 7 mil mortos.

Ontem, foram quase 9h de depoimento de Moro: "Foi tranquilo. Fiz um relato histórico de uma série de situações. Prova material? Tem bastante coisa",[68] disse ele ao sair.

Hoje, o ainda presidente – esperemos que por pouco tempo – participou de manifestação de camisas verde-amarelas no Palácio do Planalto ao lado da bandeira de Israel e dos EUA – hein?

Sim, não dá pra entender a cabeça desse grupo, que foi pequeno, mas desesperado, agredindo até jornalistas: "Profissionais do Estadão são agredidos com chutes, murros e empurrões por apoiadores de Bolsonaro."[69]

Bolsoldesespero também já pede a "Deus que não tenhamos problemas nesta semana, porque chegamos no limite". Presidente disse que "não tem mais conversa", que Forças Armadas estão ao lado dele e que não vai mais "admitir interferência", enquanto participava de ato com pautas antidemocráticas."[70]

Os militares negam: "Generais dizem que 'presidente está enganado' e que Forças Armadas não apoiariam golpe".[71]

Manchetes da pandemia:

- "Halle Berry fala sobre dar aula para filhos em casa durante quarentena: 'Pesadelo'";[72]
- "Mulher acumula R$ 17,5 mil em luvas e máscaras: 'Não vou doar nada.' A artista plástica Becca Brown afirmou que não se sente mal por ter comprado tantos equipamentos de EPI e pretende pintar boa parte desses produtos."[73]

Hoje, assisti na Band à *reprise* do São Paulo, bicampeão mundial, contra o Milan, em 1993. Três meses depois daquele jogo, iniciaria o plano Real e teríamos uma moeda forte, quase 1 para 1 com dólar.

Bem diferente desse (des)governo que, mesmo antes do coronavírus, não conseguiu entregar crescimento nem moeda forte. O real já estava próximo dos 20 centavos de dólar antes do Carnaval.

Depois, na Globo, passou a reprise de Brasil 3 x 0 Espanha, final da Copa das Confederações de 2013. O jogo foi no dia 30 de junho daquele ano, em meio aos protestos contra aumento das passagens, contra violência da PM contra jornalistas e manifestantes e, depois, contra outras diversas pautas e contra a Copa – contra gastar dinheiro em estádios no lugar de hospitais.

Se não estivéssemos em isolamento, as manifestações de rua já teriam derrubado BolsoNero. Resta aguardar essa semana os desdobramentos do depoimento de Judas.

Uma notícia sem relação ao coronavírus, mas com certeza a melhor do dia: *"ontem, o novo governo do Sudão aprovou uma lei que proíbe a mutilação genital feminina. Nove em dez meninas no país sofreram mutilação."*[74]

Por mais que o mundo esteja nesse caos, pelo menos agora dá três anos de prisão pra quem realizar essa prática. Hoje, são mais de 200 milhões de mulheres mutiladas. Pelo menos no Sudão esse número não deve continuar aumentando.

4 DE MAIO

DIA 55, CURTINHO O DIA DE HOJE

Estamos na sétima segunda-feira em isolamento. São mais de 100 mil infectados no país, fora uns 200 mil que não fizeram o teste.

The Guardian, NY *Times*, *Bloomberg*, *Clarin* e jornais de Portugal repercutiram as manifestações e declarações antidemocráticas do presidente.

Mundo passa de 250 mil mortes.

Só nos EUA, foram 870 nas últimas 24h.

Venezuela continua com apenas dez...

Parques da Disney não devem reabrir mais esse ano.

Tínhamos programado de fazer estrogonofe no almoço de hoje. Compramos a carne já em cubos no sábado. Só esquecemos do creme de leite, champignon, mostarda e batata palha. Comemos estrogonofe desconstruído de carne com molho vermelho e arroz.

5 DE MAIO

DIA 56

Em julho do ano passado, tivemos o fim dos *likes* no Instagram. Essa semana, foi criado o botão "força" no Facebook. Em abril do ano passado, foi divulgada a primeira foto de um buraco negro. Em abril desse ano, entramos em um.

Para não cair, Boslonulo continua comprando aliados com dinheiro público: "Cargos que Bolsonaro negocia com centrão têm mais de R$ 10,6 bi 'livres' para investir em 2020".[75]

Novo chefe da PF, empossado ontem, trocou no mesmo dia o comando da PF no Rio. É lá que o filho do presidente é investigado por lavagem de dinheiro, peculato, financiamento de milícias e outros crimes.

Manchete de quarentena: "Fora da agenda Bolsonaro recebe Curió, símbolo de assassinatos na ditadura".[76]

Detalhe:

> Em 2009, em entrevista ao jornalista Leonêncio Nossa, que depois lançaria um livro sobre Curió, "Mata!" (Cia das Letras, 2012), o militar reconheceu e apresentou documentos que indicaram a execução de 41 militantes da esquerda quando eles já estavam presos e sem condições de reação. Um total de 67 militantes participou da guerrilha, que foi massacrada em sucessivas operações desencadeadas pelo Exército no sul do Pará e norte do atual Estado de Tocantins.[77]

Essa é a agenda do presidente enquanto temos uma Brumadinho por dia no país – em 25 de janeiro de 2019, o rompimento da barragem deixou 260 mortos.

Estudo da Fundação Getúlio Vargas (FGV) com Universidade de Cambridge associa que comportamento do presidente pode ser responsável por 10% das mortes. Assim, são 750 mortos só na conta dele – equivalente a três tragédias de Brumadinho em um mês. Total no Brasil chegou a 7,5 mil hoje.

Família Diniz anuncia doação de R$ 50 milhões para apoio a famílias.

Jornalistas da Globo começam a usar máscara em todas as reportagens externas.

União Europeia e G20 montam programa para arrecadar U$ 8 bilhões com doações de 40 países. Objetivo é financiar pesquisas e distribuição de vacina. Brasil-cloroquina-salva-gripezinha não participa.

Na Índia, mais de 100 milhões de pessoas perderam emprego com a pandemia.

Disney lança máscaras com heróis da Marvel, Star Wars, Pixar entre outros. Vai doar parte dos lucros nessas vendas.

Com mais gente em casa, Amazon e Netflix aumentam receita em mais de 25% no primeiro trimestre. Receita do Facebook ficou um pouco atrás, aumentou "só" 17%.

Manchetes de quarentena:

- "Um pedaço da Lua com 13,5 kg está à venda – por R$ 13,7 milhões";[78]
- "Cidade sueca usa cocô de galinha [em parques] pra conter disseminação da covid-19";[79]
- "Cortar o cabelo sozinha dá certo? Eu tentei, e este foi o resultado";[80]
- "Festa com donos de carrões cria confusão em condomínio em SP";[81]
- "Com mais de 5 cm, vespas asiáticas 'assassinas' são vistas pela 1ª vez nos EUA".[82]

Overdose de opioides aumenta no isolamento, com picos de até 100% em algumas cidades dos EUA – já matam em torno de 45 mil por ano lá.

Flórida reabre praias com regra de distância de 2 metros de outras pessoas e restaurantes – com 25% da capacidade. Existe preocupação de que essa reabertura – também em outros estados – venha a causar uma segunda onda de contaminação.

6 DE MAIO

DIA 57

Brasil passa de 8,5 mil mortes – só nos últimos dois dias foram mais de mil.

Ceará e Pará anunciam que algumas cidades terão *lockdown* a partir de amanhã.

Dois estudos indicam que, depois de China, Itália e EUA, agora somos nós o epicentro da pandemia.

Levando em conta a subnotificação – inclusive da rede particular –, já temos mais de 1,6 milhão de infectados, ultrapassando os EUA.

Só não sabíamos disso porque não testamos ninguém: "o Brasil realizou apenas 1.597 testes por milhão de habitantes. Para fator de comparação, os Estados Unidos realizaram 22.591 testes por milhão de pessoas."[83]

Definição técnica:

"O epicentro, do grego antigo epikentros, 'situado no centro' de um terremoto. A zona em redor do epicentro é normalmente a mais afetada pelo abalo sísmico."[84]

Estamos quase no sexagésimo dia desse diário. O terremoto chegou por aqui. Não foi por falta de aviso.

7 DE MAIO

DIA 58

Pastor – Valdomiro Santiago – vende a cura para o coronavírus. Com apenas R$ 1 mil, os fiéis podem comprar uma semente de planta milagrosa – para a carteira dele.

Neil Ferguson, coautor do estudo e assessor que influenciou Boris Johnson a adotar *lockdown* – prevendo 1 milhão de mortes –, se demite. Um jornal descobriu que ele contrariou tudo que pregava, encontrando-se duas vezes com a namorada durante a quarentena.

Ninguém está ligando, mas registro, pois é importante para guardar no livro depois. Houve aumento de 51% no desmatamento da Amazônia no primeiro trimestre. Incomum em época de chuvas, mas não se destaca como manchete durante a pandemia, estão conseguindo destruir a floresta sem "ninguém notar".

Em Salvador, mulher é agredida e expulsa de ônibus, a chutes, por não usar máscara.

BC corta 0,75 e leva juros a 3%, menor taxa nominal da história. Dólar sobe para R$ 5,83, também batendo recorde.

Ano passado, sem a crise, 260 mil pessoas já tinham passado para pobreza extrema – vivendo com menos de US$ 1,90 por dia. Esse ano, com Covid, outra 5 milhões devem entrar nessa faixa.

Pra evitar *lockdown* prefeito de São Paulo anuncia rodízio de 24h. Dias pares, só sai carro com placa par. Dias ímpares, placas ímpares. Será que assim pessoal percebe que precisa ficar em casa?

Ciência contra os negacionistas.

> Editorial da próxima edição da revista científica The Lancet, uma das mais importantes na área médica do mundo, classifica o presidente Jair Bolsonaro (sem partido) como 'a maior ameaça à resposta do Brasil à covid-19'. A publicação sugere que ele mude sua conduta ou seja 'o próximo a sair'."[85]

Uma pena é que o depoimento de Moro no sábado não incendiou o *impeachment*. Há pouco engajamento entre os políticos para isso agora. O melhor dos mundos seria uma renúncia mesmo.

Mundo chega a 3,9 milhões de casos, 270 mil mortes e 1,3 milhão de recuperados.

Discurso de Bonner no *Jornal Nacional* de ontem viralizou. Dezenas de mortos por dia acabaram nos "acostumando" a números "inacostumáveis". Agora já estamos nos "acostumando" a centenas de mortos por dia. Semana que vem, estaremos preparados para nos acostumar a mil mortes por dia? Nos EUA, foram mais 2 mil hoje.

Tragédias com grandes números de pessoas acabam escondendo que pessoas não são números. Cada uma é imensa em sua própria história, em seu mundo particular, em sua família e rede de amigos.

E, certamente, ao menos metade dessa tragédia teria sido evitada. Tivemos meses para nos preparar. Mas para nosso governo, era só uma gripezinha.

Outro presidente que também teve tempo de se preparar, e agora tem quase 80 mil mortos nas costas, continua com suas bravatas internacionais. Trump agora parece tentar jogar fumaça na Venezuela:

> O Governo venezuelano divulgou no domingo a tentativa de "invasão marítima" de uma unidade militar que, segundo a versão oficial, pretendia provocar uma revolta e derrubar o presidente Nicolás Maduro com o suposto apoio dos Estados Unidos e da Colômbia. Pelo menos oito pessoas morreram no confronto com as forças de segurança venezuelanas e no dia seguinte o aparato chavista acabou por desbaratar o plano, capturando pelo menos 11 pessoas, sendo dois cidadãos norte-americanos.[86]

Campeonato alemão de futebol recomeça na semana que vem. Levamos mais um 7 x 1.

8 DE MAIO

DIA 59

Seis homens armados de fuzis protestavam querendo reabrir um bar no Texas. A SWAT teve de ser enviada para fazê-los mudar de ideia.

Obra de arte de Banksy aparece em hospital na Inglaterra. Com o título *Quem vira o jogo*, mostra uma criança escolhendo uma médica no lugar de super-heróis para brincar.

Com o fim dos turistas, agora tem *live* de safáris na África. Animais são filmados e transmitidos ao vivo em seus *habitats* para o mundo inteiro.

A FIFA muda regra e aumenta para cinco substituições por jogo esse ano buscando preservar a saúde dos jogadores. Futebol na Coreia já voltou ontem.

O tenista Federer doa R$ 6 milhões para um projeto contra fome na África, apoiando 64 mil pessoas. Aqui no Brasil, doações de empresas e pessoas físicas passam de R$ 4,2 bilhões.

Agora, pausa para uma cena surreal que assisti ontem, às 21h45min. Zapeando canais, parei na Band. Em cinco minutos do pastor R.R. Soares, registrei algumas frases interessantes.

Segundo ele, ao centro do palco, já tinham curado 102 pessoas com coronavírus naquele dia. Aí ele pedia para duas assistentes lerem mais relatos que chegavam de "fiéis" e ia comentando.

Assistente 1: "A sobrinha da Silmara estava há doze dias com sintomas da Covid-19, depois da oração, foi curada".

Pastor: "Mais um relato."

Assistente 2: "Joel do Rio de Janeiro relata que, há uma semana, filha e esposa estavam com sintomas. Fizeram oração do copo da água durante o programa e agora estão curados."

Pastor: "Chegamos a 108 curados! Mais relatos, por favor."

Assistente 1: "Ieda do Mato Grosso dia que a nora tinha febre alta, tosse e fez a oração com a água e graças a Deus ficaram curadas."

Pastor: "Chegamos a 109 curados!"

Assistente 2: "Terezinha do Recife diz que neto estava com febre e falta de paladar. Fizeram a oração da água e está curado!"

Assistente 1: "Vanessa S. estava com falta de ar, dor nos pulmões, fez tomografia, buscou presença de Deus e está curada."

Depois de mais alguns milagres, o pastor se dirigiu aos espectadores: "Como ministro da palavra de Deus, eu ordeno que o demônio que está por trás do coronavírus, em nome de Jesus Cristo, saia desse corpo, esse mal está amarrado. Levante as mãos e fale Deus eu creio!"

E aí... Como não podia deixar de ser... Continuou: "Agora, eu peço que você ajude a manter nosso programa no ar. Pra cartão de crédito, estou sem o QR Code aqui, mas a conta e do Bradesco e do Itaú são esses números que estão na tela... Tem também as contas do Banco do Brasil e do Santander... Se for pagar na lotérica, é só falar que é doação para o Show da Fé."

Após um gole de água, voltou aos milagres, que já não se limitavam a coronavírus. Curavam fibromialgia, meningite, dor nas costas, virose e dengue... Mas aí já é o mundo normal do dia a dia deles.

Em todo estado de São Paulo, vida normal não volta tão cedo. Quarentena, que terminaria na próxima semana, dia 11 de maio, foi prorrogada até dia 31.

Em abril, caiu 99% a produção de veículos. A maior queda na história, só 2 mil unidades foram montadas. Outras diversas indústrias apresentam quedas acima de 80%.

A preocupação do governo continua menor com a morte de pessoas do que com a parada temporária da economia. Ouvi por aí: "Governo continua priorizando CNPJ a CPFs."

A preocupação da secretária de Cultura é uma incógnita. Em entrevista absurda, Regina Duarte falou que não quer olhar pra trás, nem ligar para as mortes de agora, nem da ditadura. Mas que adorava aquela época, quando podia cantar "Pra frente, Brasil, salve a seleção".

Diversos artistas importantes morreram nas últimas semanas e ela não emitiu nota alguma. Mesmo número de projetos para Cultura que anunciou nesse último mês.

BolsoNero anuncia que fará churrasco com 30 pessoas amanhã.

10 DE MAIO

DIA 60, SÁBADO, E 61, DOMINGO

Hoje, foi um dia interessante. Terminei de ler *Uma viagem à Índia*, do português Gonçalo M. Tavares. Dos escritores vivos, é meu preferido.

Aí fui buscar alguma entrevista dele no YouTube, para ver se tem algo recente sobre a pandemia. Descobri mais que uma entrevista. Ele tem escrito um "Diário da peste" no *Expresso*, de Portugal, sendo traduzido em diversos outros jornais europeus, desde espanhol até grego. O objetivo dele também é transformar em um livro.

Fiquei feliz e me deu mais motivação de continuar. Faremos livros irmãos. Mas o diário dele está tranquilo, não precisa se preocupar com um dos piores presidentes do mundo no governo.

O nosso, por aqui, parece que desistiu do churrasco ontem. Amarelou e foi passear de *jet ski*, tipo Collor antes do *impeachment*. Aqui, tivemos mais 467 mortes. Em Portugal, 9.

A *reprise* hoje foi do futebol feminino, Brasil dando show nos EUA no Panamericano de 2007. Também teve *reprise* do Senna sendo campeão pela manhã.

Fomos ao mercado. Passamos a semana sem óleo, açúcar e ovo, que esquecemos de comprar no último sábado. Dessa vez, trouxemos tudo.

Até os ingredientes para o estrogonofe que falhou semana passada. Ficou muito bom, para comemorar o Dia das Mães. Aliás, tinha gente demais na rua... Parecia um dia normal, exceto pelo fato de todos estarem com máscaras.

Em Moçambique, um grande amigo, diretor da peça da *Pequena Princesa*, passou o domingo distribuindo 300 cestas básicas. Foi uma ação muito bonita. Por lá, como há falta de água, as pessoas higienizam as mãos com cinza – informação do médico Mbate Pedro.

Avianca, segunda maior empresa aérea da América Latina, entra em recuperação judicial.

Para garantir distanciamento social em Cingapura, governo colocará robôs em forma de cães nas ruas.

Será que estamos mesmo vivendo dentro de um episódio de *Black Mirror*? Passamos o dia das mães em telas. Nos relacionamos e trabalhamos com telas. Protestamos contra o governo em telas. Estamos reféns desses espelhos pretos.

Antes, reclamávamos de abusar do celular. Hoje, sem eles, o mundo entraria em colapso. Antes, num *happy hour*, reclamávamos se alguém pegava o celular. Hoje, só existe por meio deles. Somos todos reféns do *touchscreen*.

Feliz dia *black mirror* das mães para todas as famílias que comemoraram *on-line*. Que, no ano que vem, passemos todos juntos na vida real – né, mãe? Te amo –, não em *lives*.

11 DE MAIO

DIA 62

Se não perdi a conta, essa é a oitava segunda-feira em quarentena.

Na Coreia do Sul, um homem de 29 anos passeou em cinco bares no final de semana. Contaminou mais de 50 pessoas. O país achava que tinha controlado o vírus. Um novo surto de milhares de contaminados forçou o país a fechar algumas regiões. China e Alemanha também apresentam surtos durante a reabertura. Se isso está acontecendo lá, imagino que só sairemos de quarentena, que nem entramos, em 2035.

Em 1991, oito pessoas participaram de uma experiência de isolamento chamada "Biosfera 2". Viveram por dois anos em uma estufa gigante, com florestas e plantações. A ideia era não depender do mundo exterior. Comiam o que plantavam. Parece que deu errado no meio, com problemas políticos internos, e se dividiram em duas facções. Tem um documentário sobre isso. Faz 30 anos, mas está bem atual.

Contra as restrições de trânsito em São Paulo, caminhoneiros fizeram protesto desde Barueri até a Marginal Pinheiros e Avenida Paulista.

Fiocruz anuncia que vírus começou a circular no Brasil em janeiro, quase quatro semanas antes do que se pensava.

JBS doa R$ 700 milhões para apoio à crise na saúde. Essa foi a segunda maior doação – após aquela bilionária do Itaú.

Megasena acumula para 90 milhões. Quem ganhar vai se sentir estranho. Não pode viajar, nem fazer festa nem reunir a família, vai continuar num ritmo parecido com o nosso. Mas, com o bolso cheio, pode construir uma estufa autossustentável pra si mesmo. Pelo menos, pra viver até 2035, ou se mudar para a Nova Zelândia, se brasileiros ainda forem aceitos por lá.

12 DE MAIO

DIA 63

Atividades de quarentena:

Reorganizar cronologicamente os ímãs de viagem na geladeira. E relembrar como era bom.

Fizemos isso no sábado, 60º dia. Se chegarmos ao dia 100, reorganizaremos em ordem alfabética. Esperamos não ter esse trabalho.

Três frases de sábios que parecem estar vivendo a pandemia atual:

1. "Quase todas as nossas aflições advêm de não termos sabido ficar em nosso quarto.", Baudelaire citando Pascal;
2. "Hoje possuí, em sonhos, três domicílios que me agradaram em igual medida. Por que obrigar meu corpo a mudar de lugar, quando minha alma viaja com tal agilidade? E para que pôr os planos em prática, quando o projeto em si mesmo proporciona alegria suficiente?", de autoria de Baudelaire;

3. "Um dia de chuva é tão belo como um dia de sol. Ambos existem; cada um como é.", de autoria de Alberto Caeiro.

Meu gato tem lagarteado mais no sol do *home office*.

Na Dinamarca, show de música em formato de *drive-in*. Quinhentos carros compraram ingresso.

***

O diário poderia terminar aqui, mas a realidade ainda é de um copo meio vazio...

Em Nova York, o número de mortos por coronavírus ultrapassa os da Gripe Espanhola, tornando-se a maior tragédia da cidade.

No Brasil, em 54 dias, o vírus matou mais do que doze meses somados de tuberculose, dengue, febre-amarela, hepatite, sarampo e meningite. Essas doenças vitimaram menos de 11 mil pessoas no ano de 2018.

Só hoje, foram mais 881 mortos no país.

***

O diário também poderia parar aqui, mas a vida é mais fácil para o escritor do "Diário da peste" em Portugal, que "só" tem a tragédia de um vírus pra relatar...

A realidade brasileira é um copo meio vazio, mas com água suja de lama até a metade. Tentei evitar, mas está de volta nosso outro vilão não favorito.

Pela segunda vez, o Instagram apagou *fake news* do presidente – o passeador de *jet ski* mentia sobre queda no número de mortes no Ceará.

Em projeto de embelezar cadáveres, o churrasqueiro do planalto adicionou salões de beleza, academias e barbearias como serviços essenciais. O ministro *poker face* da saúde foi avisado por jornalistas durante coletiva e ficou sem reação.

Prioridades do presidente na maior tragédia do país: não morrer de cabelo branco nem barba por fazer.

Quase 190 mil militares – da ativa, reserva, reformados, pensionistas e anistiados – receberam o auxílio emergencial de R$ 600, que deveria ir para quem precisa. Soma chegou a 14 milhões de reais sendo desviados. Enquanto isso, população civil ainda se aglomera em agências para receber.

Líder de manifestação que levaria 300 caminhões a Brasília em apoio ao churrasqueiro vai parar na UTI com coronavírus. Provavelmente não passeará de *jet ski* nas próximas semanas.

Milicianos no Rio de Janeiro – "olha, fica aberto porque a gente vai ter que pegar a taxa"[87] – continuam exigindo que comércio não feche em algumas comunidades.

O diário poderia ter pulado toda essa parte, né?

Ao menos, começaram ontem os depoimentos sobre a denúncia de Moro. E, hoje, envolvidos assistiram ao vídeo da reunião ministerial. Parece que o presidente vinculou literalmente a troca na PF para proteger os filhos investigados.

O assunto mais comentado do Twitter é uma *hashtag* para que o vídeo seja divulgado por ser de interesse nacional. Então, voltemos às panelas e à mobilização. "Não ser ouvido não é razão para se manter em silêncio."[88]

#impeachmentbolsonaro #acaboubolsonaro

13 DE MAIO

DIA 64

- As propagandas de quarentena são todas melancólicas, mas cheias de esperança parecida, né?;
- bancos aumentam prazo das dívidas, dizendo que tudo vai passar e sairemos mais fortes juntos ;
- Facebook recomenda grupos de amizades para passar o tempo e ficarmos mais fortes juntos;
- Detran pede para ficarmos juntos em casa, que tudo vai passar.

Outras empresas de serviços, varejo, indústria, sempre também com as mesmas mensagens repetidas: "juntos", "vai passar", "mais fortes". E com as mesmas cenas de *home office* e piano dramático ao fundo.

Que vai passar, todos sabemos. A incógnita é se sairemos mais fortes e juntos.

Segundo OMS, controle do coronavírus pode demorar até cinco anos. Esse diário não dura até lá...

Em algumas horas, mundo chegará a 300 mil mortos.

EUA continuam com ritmo de quase 2 mil mortes por dia, somando 85 mil. Brasil chega a 13 mil mortos totais. Uma projeção estima que ultrapassaremos 88 mil no início de agosto.

Os memes reduziram bastante. As *lives* continuam aumentando. O que não faltam são debates e conversas e aulas e até terapia ao vivo.

Após início da flexibilização, Espanha volta a ver aumento de mortes pelo segundo dia.

Trezentos judeus ortodoxos aglomerados faziam festa e são presos em Israel.

Quase 30 autores da Globo assinam carta contra Regina Duarte.

Pra deixar registrado, os principais nomes da arte que morreram nas últimas semanas (a maioria por Covid) sem nota alguma de nossa secretária "pra frente Brasil" de cultura: Aldir Blanc, Moraes Moreira, Dona Neném, Flávio Migliaccio, Luiz Alfredo Garcia-Roza, Sérgio Sant'Anna e Rubem Fonseca.

Governo continua insistindo em não adiar o Enem.

Finalmente o presidente mostrou seus três exames, todos deram negativo para o vírus. Tinha usado os pseudônimos: "Airton", "Rafael" e "05".

Comecei um livro aleatório sem saber do enredo, fui mais pelo título – *Inimigo do povo*, de Ibsen. E não é que a história se encaixa?

Trata-se de um cientista que é irmão do prefeito de uma cidade turística de praia. Ele descobre que a água está contaminada por bactérias mortais. E tenta denunciar – leva para a imprensa. E o irmão prefeito fica discutindo com ele de como isso afetaria a economia local agora que os turistas estavam chegando.

Parei nesse ponto. Acredito que alguma denúncia do irmão virá por vídeo. E o prefeito chamará a imprensa de golpista...

Mais detalhes amanhã.

14 DE MAIO

DIA 65

"*Podemos esperar um ano mais leve do que 2019, não só para as pessoas, mas para o mundo em geral.*"[89] Viralizou essa previsão feita há seis meses por um astrólogo de Bauru. Hoje, ele fala que foi "traído pelo Sol".

Falando em sol... Faz tempo que não precisamos mais de protetor solar, né, Pedro Bial? O cheiro de protetor hoje é quase uma viagem no tempo para o mundo pré-coronavírus.

Imagina passar a quarentena com fantasmas? O *New York Times* entrevistou alguns azarados. Pra quem acredita e está tendo que conviver com barulhos e sombras estranhas, o isolamento fica surreal.

Continuando o livro de ontem...

O prefeito consegue convencer a imprensa a não publicar sobre a bactéria. Isso levaria os assinantes do jornal à falência e, em consequência, o próprio jornal. O irmão do prefeito, o cientista – lembram? –, marca uma audiência pública para discursar e levar a informação para a sociedade. Todos lá já tinham lido, pela própria imprensa, uma nota do prefeito avisando que tudo que ele falaria seria mentira. Ele é impedido de discursar sobre a bactéria na água. Então, faz um grande discurso contra a manipulação das massas e contra a falta de pensamento crítico da imprensa "chapa branca" – tipo se aqui a Record fosse a líder de audiência. Parei aí. Amanhã dou o *spoiler* do final.

Ex-ministro da Saúde, Mandetta, avisa que estamos só no começo, pois chegaremos a 2 mil mortes diárias em breve.

Presidente Malsonharo publicou MP hoje tirando responsabilidade de gestores públicos, como ele, em ações erradas, como as que ele faz, contra o coronavírus. Também fez reunião com empresários, organizada pela Federação das Indústrias do Estado de São Paulo (FIESP), para tentarem "combater governadores" e reabrir a economia. Um empresário estava nu na videoconferência, sem perceber. Presidente fez piada.

Universidades da Califórnia anunciam segundo semestre apenas com aulas *on-line* – por aqui, quase 1 milhão de estudantes universitários estão parados. Só seis das 69 universidades federais já se adaptaram para ensino a distância na pandemia.

Com a paralisação de diversos frigoríficos nos EUA, alguns *fast foods* estão com falta de hambúrgueres. Las Vegas, cidade que mais vive de aglomeração, está parada. O desemprego no estado de Nevada aumentou de 4% para 22% e Las Vegas é responsável por 80% desse aumento.

Anitta começa a fazer *lives* de política para seus 46 milhões de seguidores. A parceria é com a advogada Gabriela Prioli, que fez sucesso na CNN em debates contra o bolsominion Caio Copolla – guardando esses nomes para daqui a vinte anos, quando reler o livro.

Com tanta coisa ao mesmo tempo, deixei passar. Mas, nos EUA, Trump também tenta desviar de si o foco e, num tuíte do Dia das Mães, acusou Obama de participar do "maior crime da história política americana". Quando perguntado por repórteres, respondeu: "Vocês sabem, eu não vou falar."[90] – parece que envolve algo de usar agências do governo, nos últimos meses de mandato, para investigar o novo governo que assumiria. Muito disso deve ser *fake news*, pra variar. A estratégia lá funciona como cá. Joga "fumaça" pensando na reeleição de outubro, enquanto seu país chega a quase 90 mil mortos. Foram 126 tuítes no Dia das Mães. O terceiro dia "mais agitado" em quase quatro anos de governo.

Vice-presidente publica artigo no *Estadão*: "Nenhum país vem causando tão mal a si mesmo como o Brasil."[91] Faltou dar o nome ao boi.

15 DE MAIO

DIA 66

Manchetes aleatórias do dia:

- "Pandemia é um bom momento para comprar um carro zero";[92]
- "Medo de parecerem frágeis faz homens usarem menos máscaras";[93]
- "*Lives* de hoje: Gusttavo Lima, Ivete, Anitta, Katy Perry e mais".[94]

Uma empresa americana anunciou ter encontrado o anticorpo do vírus e protegido 100% as células em alguns testes – ainda não em humanos e ainda sem *peer review*. Ações disparam quase 200%.

Amazon começa a normalizar operação nos EUA e até já retomou às promoções. Jeff Bezos pode se tornar o primeiro trilionário do mundo. Segundo uma projeção dessa semana, chegaria nesse patamar em seis anos.

Se o dólar subir mais uns 5%, Amazon vai ser maior que o PIB brasileiro. Apple e Microsoft já são.

Disney fechada "custa" 40 milhões de dólares por dia em prejuízo.

Paquistão, em quarentena há quase dois meses, cria programa para 63 mil desempregados receberem renda do estado plantando 10 milhões de árvores.

Piauí declara Lei Seca – em locais públicos – por três dias em todo estado.

Amapá entra em *lockdown* a partir de hoje. Governador estabelece multa de R$ 5 mil para quem descumprir.

Nesta manhã, descobrimos que temos um novo EX-ministro da Saúde. Teich pediu demissão menos de um mês após assumir. Ele era contra a decisão unilateral do *jet ski*, realizada ontem, de mudar o protocolo para médicos usarem a milagrosa cloroquina.

O movimento foi praticamente sincronizado com a Venezuela. Parece que voltamos a ser países irmãos. Vejam o tuíte de ontem de Maduro, que também insiste em milagres não científicos: *"Felicito al personal científico de la salud de nuestro país, quienes trabajan con buena fe y amor para proteger la salud del pueblo. Con ellos avanzamos en la producción de Cloroquina Difosfato, fármaco efectivo para el tratamiento contra el Covid-19. ¡Sí Se Puede Venezuela!"*

Se trocar "Si se puede Venezuela!" por arminha e bandeira dos EUA e de Israel, poderia ser um tuíte do nosso presidente.

Impressionante que, na Venezuela, faz um mês que continuam só com dez mortos por coronavírus. Deve ser por isso que nosso *jet ski* quer imitá-lo.

Pela primeira vez em dois meses, também vou ficar *off-line* no domingo. Existe uma guerra acontecendo e estamos sem governo. Vou tentar desintoxicar. Chegaremos entre hoje e amanhã a 15 mil mortos, fora a subnotificação. Provavelmente, já alcançamos as 25 mil mortes na Guerra de Canudos.

Um trecho legal de um texto sobre o luto antecipatório, de Luciana Mello de Oliveira, PhD em Epidemiologia:

> Ao retornarem da Segunda Guerra Mundial, soldados enfrentaram dificuldade de reinserção em seus núcleos familiares. Suas esposas haviam realizado um processo de elaboração durante o tempo em que eles estiveram ausentes como se realmente tivessem morrido. Era como se elas tivessem aceitado a perda de seus maridos antes desta de fato acontecer. Esse fenômeno foi chamado de "luto antecipatório" e é proposto que tenha ocorrido em função da separação, da ameaça ou do perigo real do falecimento, e não da morte em si. O luto antecipatório seria consequência de um pressentimento de finitude. Finitude da própria existência e da dos que amamos, dos nossos semelhantes e também do mundo como o conhecemos. Luto antecipatório seria a mente indo até o futuro e imaginando o pior.[95]

Estamos todos talvez nessa fase. Tivemos três meses para nos preparar, mas não elegemos presidente em 2018, elegemos um anarquista com distúrbios psicopatas. Hoje, completamos 500 dias sem rumo.

***

Fechando o livro do irmão prefeito e irmão cientista...

Segue o *spoiler*: após as *fake news* do prefeito, a opinião pública se voltou contra o irmão. Ele então é demitido do cargo de médico que ocupava. O povo joga pedras na casa dele. Ninguém quer acreditar nos estudos da bactéria mortal que contamina a água.

Não há final feliz. Ele termina no ostracismo, acreditando que sozinho vai começar uma revolução... Esse livro, *O inimigo do povo*, é de 1882. Bastante atual.

18 DE MAIO

DIA 69

Hoje é a oitava segunda-feira de quarentena.

Alemanha recomeçou campeonato de futebol nesse final de semana.

Existe quase um clima de vida normal em alguns países, mas um diretor da OMS diz que não se deve relaxar. Uma segunda onda na Europa pode ser mais mortal após reaberturas muito rápidas. O vírus teve mutações que podem inviabilizar a vacina quando ficar pronta.

Por lá, os países do leste se tornaram o epicentro – Rússia, Ucrânia, Cazaquistão e Bielorrússia estão com situações mais críticas.

Na Ucrânia, uma centena de bebês nascidos de barriga de aluguel esperam seus pais irem buscá-los. Mas estes não conseguem viajar até lá com as restrições nos voos – são ao menos 2 mil mulheres por ano que alugam seus úteros e recebem em torno de US$ 15 mil.

Dezenas de mulheres com tudo preparado para abortar legalmente na Colômbia não conseguiram sair do Brasil no mês passado. Tiveram de recorrer a outros métodos.

Em torno de 100 mil funcionários de cruzeiros continuam presos no mar pelo mundo. Não podem desembarcar onde estão nem voltar para seus países de origem. Ao menos dois se suicidaram.

Na Itália, morreram "só" 145 pessoas. A notícia é positiva, pois é o menor número de mortos desde o dia 4 de março – sete dias antes do início desse diário. Mesma situação na Espanha, que teve "apenas" 84 mortos.

Aqui no Brasil, chegamos a 17 mil mortes.

Saiu no diário oficial que o Mais Médicos terá reforço de Mais Médicos Cubanos – 7 mil serão reintegrados.

Mais de 160 mil motoristas – de Uber e afins – devolveram carros que alugavam para trabalhar. Isso significa 80% do total da frota. Locadoras estão com falta de garagem para tanto carro devolvido.

A própria Uber anunciou mais 3 mil demissões e fechamento de 45 escritórios. Semana passada, o Airbnb também demitiu 2 mil pessoas – 25% do total.

Macron e Merkel fazem anúncio em conjunto de fundo de R$ 3,12 trilhões "quase não reembolsáveis" para auxílio aos países mais afetados na Europa.

Zuckerberg e a esposa doam US$ 800 mil para oito restaurantes que frequentam – 100 mil para cada. O casal é signatário do Giving Pledge, que traz o compromisso de doar 99% do patrimônio ainda em vida. O deles é de US$ 76 bilhões atualmente. Dá para salvar muito restaurante...

Substitutos quase perfeitos, um subiu, sete desceram: o aplicativo Zoom, de videoconferências, já vale mais que a soma de todas as 7 maiores empresas aéreas do mundo. São US$ 49 bilhões em valor, sendo que American Airlines, United, Lufthansa e outras somam "apenas" US$ 46 bilhões.

Prendam-me se forem capazes: bilionário Elon Musk, CEO da Tesla, está em briga com o Estado para reabrir suas fábricas. Diz que retomará a produção e se a polícia vier que prenda só ele. Estará na linha de montagem junto de seus funcionários.

Ouvi por aí: "*Sabe aquelas previsões de 'o que você estará fazendo daqui a cinco anos?' Pois 100% de quem brincou disso em 2015 errou*".

Domingo, fomos ao mercado e passamos pela rua do metrô, que frequentávamos todo dia, sempre lotada. Foi uma sensação estranha revê-la vazia e abandonada quase 70 dias depois.

Não vimos o pôr do sol nos últimos dias. Estava se pondo atrás de um prédio. Mas agora começou a sair mais à direita e se pôs, bem "quarentenesco", dentro de uma janela.

19 DE MAIO

DIA 70

A vizinha do apartamento ao lado – que não conhecemos, como todo bom paulistano – deixou um bilhete na nossa porta. Pediu desculpas pelo cão, que latiu muito no final de semana. Achamos legal da parte dela, mas realmente não nos incomodou. O chato foram as dez *lives* do Lulu Santos que ela reprisou. Escrevemos um bilhete de agradecimento para ela, claro que sem essa parte final.

Hoje em dia é mais difícil olhar as lembranças que o Facebook traz, né? Além de fotos de gatos, geralmente são de viagens. Ou passeios. Ou reuniões com amigos/família. Ar livre predomina. Nada do que podemos agora.

Tínhamos viagem marcada para o Peru em julho, mas essas férias estão cada vez mais longe. Ainda mais pela falência da Avianca. O Peru é o segundo país com mais casos na América Latina, chegando a 100 mil. Só perde para o Brasil, com 250 mil infectados.

Moradores de Roma, que aos poucos podem sair de casa, relatam estranheza em terem a cidade só para eles. Há mais de 2 mil anos que isso não acontece – Itália reabrirá para turistas só em 3 de junho.

Gangues de traficantes na Cidade do Cabo, a décima primeira mais perigosa do mundo, se unem para doações de comida. Rivais podem "invadir" territórios de outros se for para ações humanitárias.

Japão chega a gastar o equivalente a 20% do PIB para enfrentamento da crise.

Outra farmacêutica vê suas ações dispararem – 250% no acumulado do ano – ao anunciar sucesso de teste de vacina com oito pessoas. Foi o primeiro resultado positivo em humanos.

Ouvi por aí: "O presidente não acredita no vírus, mas acredita na cloroquina como cura pro vírus que não acredita".

Manchetes sobre a salvação da lavoura:

- "O fim da obsessão de Trump pela cloroquina: presidente americano silenciou com estudos que não encontraram benefícios";[96]

- "'Não há evidências para recomendar cloroquina e hidroxicloroquina contra a Covid-19', diz diretor da Opas";[97]
- "Governo [brasileiro] faz campanha mostrando nomes de médicos que defendem uso da cloroquina";[98]
- "Covid-19: morre médico que se automedicou com cloroquina";[99]
- "Por determinação de Bolsonaro, o Laboratório do Exército (LQFEx), que produzia de 100 e 125 mil comprimidos por ano, agora tem a meta de 1 milhão de comprimidos por semana";[100]
- "Estudo brasileiro sobre cloroquina é interrompido após morte de pacientes";[101]
- "Trump diz estar tomando hidroxicloroquina, contra a recomendação de seu próprio governo".[102]

Mundo chega a 5 milhões de contaminados e 325 mil mortes. Brasil chega a 1.200 mortes nas últimas 24h.

Os memes realmente sumiram. Até humor tem ficado mais introspectivo.

Feriado de seis dias foi oficializado em São Paulo. Temos de amanhã, quarta, até a próxima segunda-feira para tentar manter quem puder em casa, pois a capital tem 76% dos leitos de enfermaria ocupados e 91% dos leitos de UTI. Já são 5 mil mortos só no estado.

Frases de um sábio em feriadão de seis dias sem poder sair de casa: **"É preciso estar sempre bêbado. Está tudo aí: essa é a única questão. Para não sentir o fardo terrível do tempo que nos despedaça os ombros e inclina para o chão, é preciso se embriagar sem trégua. Mas de quê? De vinho, de poesia ou de virtude, do que preferirem. Mas embebedem-se.",** Baudelaire em O spleen de Paris

Queimei uma panela cozinhando abobrinha. Esqueci no fogo. É a segunda queimada nesses 70 dias. Com o tanto que estamos cozinhando, a prioridade do feriadão será comprar um jogo de panelas. E, se for cozinhar, não beber...

20 DE MAIO

DIA 71

Muita gente tem morrido em hospitais por causa do vírus. E pedimos que todos, se puderem, fiquem em casa para não superlotar UTIs.

Muitos também morrem em casa por causa do vírus. Mesmo assim, insistimos para quem puder: fiquem em casa pra não se contaminar na rua.

João Pedro, *de 14 anos, ficou em casa*. Brincava com os primos e *morreu em casa*. Não pelo vírus, mas pela *polícia carioca*.

Chegamos à média de mil mortes por dia, igualando diversos países pelo mundo quando se aproximavam do pico.

A epidemia é global. Mas esse fuzilamento de João Pedro, *aos 14 anos, em casa*, nos lembra o quanto ainda estamos distantes do mundo desenvolvido, o quanto ainda somos o pior tipo de Brasil. Temos o mesmo número de mortes diárias do "primeiro mundo", chegamos ao nível deles na catástrofe. Mas continuamos com alguns tipos de mortes só nossas.

Além do mais, hoje faz 8 meses que Ágatha, de 8 anos, voltava de Kombi pra casa com a mãe. E foi atingida por um tiro de fuzil.

21 DE MAIO

DIA 72

Em Cingapura, uma pessoa recebe por zoom sua sentença à pena de morte.

Prefeito da cidade de Tantará, Peru, se finge de morto dentro de caixão para não ser pego pela polícia, por estar furando a quarentena num bar.

Em apenas uma cidade na África se concentram 10% dos contaminados do continente inteiro. Falamos dela outro dia: Cidade do Cabo.

Músico toca piano em gôndola para moradores pelos canais de Veneza.

Empresa utiliza game de faroeste, RDR2, para fazer reuniões de trabalho à beira da fogueira. Um ponto positivo é que, após o fim da reunião, todos podem passear a cavalo.

Manchetes de quarentena:

- "'Personal dos famosos' faz *live* diária com treinos para 10 mil pessoas";[103]
- "Cabras protagonizam fuga e invadem ruas da Califórnia";[104]
- "Jovens criam circuito para bola de ping-pong";[105]
- "Ministro da Saúde da Bolívia é preso (comprou respiradores superfaturados)".[106]

Presidente de Madagascar promove um chá milagroso que cura coronavírus, chama-se "Covid Organics". Diz que 175 pacientes tomaram e mais da metade se curou. Mesmo "método científico" da cloroquina?

De olho nesse chá milagroso ou, mais provável, preocupado com queda de cabelos entre outros efeitos colaterais, Trump diz que deve parar de tomar cloroquina entre hoje e amanhã.

Ex-ministro da Saúde, Mandetta, diz em entrevista que presidente queria alterar por decreto a bula da cloroquina – algo que só deve ser feito pelo conselho de medicina.

"Tem alguma coisa de podre no reino do Brasil", escreveu o editorial do jornal *Le Monde*.[107]

Sem ministro da Educação gramaticalmente capaz, Congresso se mexeu para adiar o ENEM atendendo a apelos dos estudantes – 40% não têm computador em casa.

No novo ministério da Saúde, doze militares foram nomeados ontem. Nenhum médico.

Ouvi por aí: cresce medo de violência e assaltos com a crise econômica provocada pelo coronavírus. O presidente, por exemplo, continua comprando proteção contra *impeachment* ao distribuir cargos e dinheiro público a "aliados" – centrão e militares.

Temendo invasão, prefeito de Floripa publica decreto proibindo reservas turísticas de paulistanos nesses próximos cinco dias. Cidades do litoral paulista também tentam na justiça barreiras nas rodovias.

Frases de sábios para esse pessoal que não para quieto em casa: *"Quem não sabe povoar a sua solidão tampouco é capaz de isolar-se em meio à aglomeração barulhenta.", nos escreveu* Baudelaire.

Meu gato, em quarentena desde que nasceu, ensina as lições que ninguém quer ouvir: muda de ambientes sem sair de casa, varia da cama para o sofá, para a mesa da sala, para a pia, para a prateleira – essa só indicada para gatos – e até para áreas aleatórias no chão – também estranho para humanos, mas cultural para japoneses e felinos.

Reflexões pra passar tempo na quarentena (e no feriado):

E se no lugar de 4 ou 5 meses fossem 4 ou 5 anos de isolamento social? Quais escolhas de vida você mudaria daqui para frente? Se soubesse desse mundo pós coronavírus, quais decisões diferentes você teria tomado nos últimos anos?

22 DE MAIO

DIA 73

Nos EUA, um homem matou o pai de 72 anos a facadas. A polícia foi chamada pelos participantes do Zoom que assistiram ao crime ao vivo.

Por toda Europa, milhares de radicais se manifestaram essa semana contra o isolamento, vacinas e até o 5G da China.

Repórter nas Filipinas é atrapalhada ao dar notícias por uma briga entre dois de seus gatos ao fundo do vídeo.

Manchetes de quarentena:

- "Máscaras de pano viram fonte de renda e podem se tornar item fashion";[108]
- "Casa de 1 euro leva brasileiro a ficar confinado na Itália";[109]
- "Os 13 livros e as séries que Bill Gates recomenda para 'escapar' de realidade da pandemia";[110]
- "Após Twitter, Facebook também anuncia home office para sempre";
- Notícias tristes *off*-coronavírus:
- para assumir controle total sobre Hong Kong – incomodada com protestos a pró-democracia –, China decretará lei de segurança nacional nos próximos dias;

- o ano de 2019, pela política antiambientalista e pró-grilagem do governo, a Amazônia já tinha visto aumento de 30% no desmatamento. Só nos últimos 4 meses, o desmatamento já subiu 55% em relação a 2019 que já era mais alto que o ano anterior.

OMS oficializa América do Sul como novo epicentro da pandemia.

Em *live* feita ontem à noite, Bolnolquina afirma que "mais importante que a vida, é a liberdade" para justificar recomendação que todos voltem a trabalhar, mesmo que de máscara.

Maior estudo já realizado sobre o remédio milagroso – mais de 96 mil pacientes em 680 hospitais do mundo – é publicado na revista *Lancet*. Resultado: não há benefício no uso da cloroquina contra Covid-19. Inclusive, sobe 30% o risco de morte e 110% o de arritmia cardíaca.

Latam e Gol começam a retomar alguns poucos voos em Congonhas – que estava parado há mais de mês – a partir de hoje.

Há 8 dias, passávamos de 13 mil mortos. Até domingo, devemos chegar a quase o dobro.

Hoje, o STF liberou o vídeo da fatídica reunião que levou ao pedido de demissão de Moro. O diário da pandemia no Brasil, epicentro mundial da crise, não tem como ser só sobre coronavírus mesmo...

Amanhã, quebrarei o protocolo de sábado *off-line* e faço um resumo pra guardar no livro.

23 DE MAIO

DIA 74

"*E se seu objetivo não fosse permanecer vivo, e sim permanecer humano?*"[1] Essa seria a reação de Orwell, autor do clássico *1984*, se estivesse vivo, ao assistir ao vídeo de ontem, inconformado com a baixaria, a falta de humanidade, a esquizofrenia e vazio de ideias do governo brasileiro e da alta cúpula.

---

[1]

São em torno de 30 pessoas sentadas provando a quadratura do círculo. Todos os ministros. Era a primeira reunião do novo – e agora ex – ministro da Saúde, Teich.

O vídeo tem praticamente 2h, a transcrição chegou a 75 páginas. O dia era 22 de abril, exatamente um mês atrás.

País tinha aproximadamente 2 mil mortos. Hoje, tem mais de 20 mil.

Vou separar alguns destaques, mas vou usar exatamente as citações da transcrição divulgada, pra não mudar uma vírgula das falas – mantive os erros gramaticais também. Ficou bastante longo e cansativo. E sem muita novidade do que já foi compartilhado nos jornais e redes sociais desde ontem. Quem não ficou *off-line* nas últimas 24h, pode pular. Fica mais como um registro dos melhores piores momentos para quem ler este livro no ano de 2030, quando estivermos nas ruas contra um quarto governo militar de Bolsochavez.

Aqui vai:

Com 13 segundos de reunião...

> Braga Netto: Ô ministro Ramos, por favor, vamos prestar atenção.
> Ele inicia explicando que o objetivo da reunião é apresentação do plano Pró-Brasil de retomada da economia, o tal de "Plano Marshall Brasileiro" (diz que vai apresentar em 10 minutos).

Passei rápido. É basicamente aquele vazio intelectual que foi ridicularizado à época. Ao fim da exposição, o Bolsoroquina passa palavra a Guedes, que já corrige:

> Paulo Guedes: Eu queria fazer a primeira observação, é o seguinte, não chamem de Plano Marshall porque revela um despreparo enorme.
> Braga Netto: Não, não, não, isso aqui foi só aqui e agora. É o Pró-Brasil.

Guedes fala bastante e diz que economia estava voando antes do vírus, esquecendo de como foi ridicularizado ao divulgar crescimento de 1% do PIB do ano passado.

Com 13 minutos:

> Jair Bolsonaro: Pera um pouquinho, dá licença um pouquinho. A questão da imprensa. Tem que ignorar esses caras, cem por cento. Senão a gente não, não vai para frente. A gente tá sendo pautado por esses pulhas, pô.

Exposição de Onyx, na sequência, ressalta que quer gastar 50 bilhões de reais do príncipe da Arábia Saudita.

Minutos depois vem o Ricardo Moto-Salles com sua elegância contra o meio-ambiente:

> Presidente, eu tava assistindo atentamente a apresentação do colega, ministro Braga Neto, e... na parte final ali na, no slide da, das questões transversais tá o Meio Ambiente, mas eu acho que o que eu vou dizer aqui sobre o meio ambiente se aplica a diversas outras matérias. Nós temos a possibilidade nesse momento que a atenção da imprensa tá voltada exclusiva... quase que exclusivamente pro COVID, e daqui a pouco para a Amazônia, o General Mourão tem feito aí os trabalhos preparatórios para que a gente possa entrar nesse assunto da Amazônia um pouco mais calçado, mas não é isso que eu quero falar. A oportunidade que nós temos, que a imprensa não tá... tá nos dando um pouco de alívio nos outros temas, é passar as reformas infralegais de desregulamentação, simplificação, todas as reformas.

Mais um trecho dele pra aprovar essa desregulamentação:

> Não precisamos de congresso. Porque coisa que precisa de congresso também, nesse, nesse fuzuê que está aí, nós não vamos conseguir apo... apos... é... aprovar. Agora tem um monte de coisa que é só, parecer, caneta, parecer, caneta. Sem parecer também não tem caneta, porque dar uma canetada sem parecer é cana.

Presidente toma palavra sobre crise econômica – estamos pelos 28min de reunião):

> Eles vão querer empurrar essa... essa... essa trozoba pra cima da gente, esse pessoal aqui do lado vai querer empurrar, e a gente vai reagir porque aqui não é saco sem fundo. Tá? Então essa preocupação vamos ter. Paralelamente a isso tem aí OAB da vida, enchendo o saco do Supremo, pra abrir o processo de *impeachment* porque eu não apresentei meu... meu exame de... de... de... de vírus, essas frescurada toda, que todo mundo tem que tá ligado.
> [...] E, sem neurose da minha parte, tá? O campo fértil pra aparecer um... uns porcaria aí, né? Levantando a... aquela bandeira de... do... do povo ao meu lado, não custa nada. E o terreno fértil é esse, o desemprego, caos, miséria, desordem social e outras coisas mais. Então essa é a preocupação, todos devem ter, né? Não é "tá bom?", o ministério fatura, "deu merda?" no colo do presidente. Não pode ser assim.
> [...] Por exemplo, quando se fala em possível *impeachment*, ação no Supremo, baseado em filigranas, eu vou em qualquer lugar do território nacional e ponto final! O dia que for proibido de ir... pra qualquer lugar do Brasil, pelo Supremo, acabou o mandato. E, espero que eles não decidam, ou ele, né? Monocraticamente, querer tomar certas medidas porque daí nós vamos ter um... uma crise política de verdade. E eu não vou meter o rabo no meio das pernas. Isso daí... zero, zero. Tá certo? Porque se eu errar, se achar um dia ligação minha com empreiteiro, dinheiro na conta na Suíça, porrada sem problema nenhum. Vai pro *impeachment*, vai embora. Agora, com frescura, com babaquice, não!

Nesse ponto, ele parece colocar na cesta de frescuras as laranjas, os funcionários fantasmas, a milícia, o aumento de patrimônio, a intervenção na PF, o nepotismo e as outras diversas acusações que recebe. Aí ele continua pedindo que ministros também se posicionem politicamente e muda para seu medo shakespeariano de ser envenenado:

> Eu até... deixar bem claro, de uns oito ano pra cá, quando pedia farmácia de manipulação um remédio qualquer, eu falava com o médico: "bota um nome de fantasia", porque se for o meu nome pra lá, como era, sempre fui um cara manjado, não é, tem três quatro que vão manipular lá o medicamento, podem me envenenar, pô!

Então pula para a prova de Moro de que deseja interferir nos ministérios:

> E eu tenho o poder e vou interferir em todos os ministérios, sem exceção. Nos bancos eu falo com o Paulo Guedes, se tiver que interferir. Nunca tive problema com ele, zero problema com Paulo Guedes. Agora os demais, vou! Eu não posso ser surpreendido com notícias. Pô, eu tenho a PF que não me dá informações.
> [...] Mas a gente num pode viver sem informação. Sem info... co... quem é que nunca ficou atrás do... da... da... da... da... da... da porta ouvindo o que seu filho ou sua filha tá... tá comentando. Tem que ver pra depois que e... depois que ela engravida, não adianta falar com ela mais. Tem que ver antes... depois que o moleque encheu os cornos de... de droga, já não adianta mais falar com ele, já era.

Aí fala da China, que "estão no meio de nós", mas os trechos foram cortados. Depois fica exaltado e cita Moro pela primeira vez e logo mistura com vários assuntos:

> A questão de armamento, né? As questões de... mas por quê? Espera aí! Ministro da Justi... senhor ministro da Justiça, por favor. Foi decidido a pouco tempo que não podia botar algema em quase ninguém. Por que tão botando algema, em cidadão que tá trabalhando, ou mulher que tá em praça pública, e a Justiça não fala nada?
> Tem que falar, pô! Vai ficar quieto até quando? Ou eu tenho que continuar me expondo? Tem que falar, botar pra fora, esculachar! Não pode botar algema! Decisão do próprio Supremo. E vamos ficar quieto até quando? Fica humilhando nosso povo, por quê? Isso tá crescendo. Pessoal fica apontando pra mim, "votei em você pra você fazer alguma coisa!", "votei em você pra você tomar decisões, pra você brigar!". E é verdade. Eu tô me lixando com a reeleição. Eu quero mais que alguém seja re... seja eleito, se eu vier candidato, tá? Pra eu ter... eu quero ter paz no Brasil, mais nada. Porque se for a esquerda, eu e uma porrada de vocês aqui tem que sair do Brasil, porque vão ser presos. E eu tenho certeza que vão me condenar por homofobia, oito anos por homofobia. Daí inventam um racismo, como inventaram agora pro Weintraub. Desculpa, desculpa o... o desabafo: puta que o pariu!

> [...]
> Vocês não seriam ministro sem... sem eu... duvido! Dificilmente alguém ia ser ministro se tivesse um Haddad aqui. Eu duvido! Poderia aceitar por alguns dias, né? Depois ver a sacanagem que ia ser, não ia ser diferente do que foi os dois anos anteriores do PT, não é? Ia pedir pra sair...

Em uma reunião com centenas de palavrões, é a vez de Moro falar. E simplesmente pede mais referências à segurança pública e controle de corrupção.

Aos 47 minutos tivemos o primeiro "oi" de Teich para seus novos – e futuros ex – amigos:

> Alô. Bom, eu tô chegando aqui então é importante que eu... que eu coloque pra vocês como é que a gente vai trabalhar, né? É... a saúde ela é fundamental, porque enquanto a gente não mostrar pra a sociedade que a gente tem o controle da doença, da saída dela, qualquer tentativa econômica vai ser ruim, porque o medo vai impedir que você trate a economia como uma prioridade. Então controlar a doença hoje é fundamental.

Ele termina sua mensagem em dois minutos, Bolsonaro entra logo na sequência sem nem comentar Teich, foca em algum "causo" que ouviu por aí:

> Jair Bolsonaro: Ontem eu liguei pro Diretor-Geral da Polícia Rodoviária Federal. Chegou ao meu conhecimento, uma nota, que era dele, sobre o passamento de um patrulheiro. E ele enfatizou que era COVID-19. Eu liguei pra ele. "Por favor, o que mais? Ele era obeso, era isso, era"... bem, tinha... como é que é? – *dirigindo-se a Braga Netto.*
> Braga Netto: Como... comorbidades.
> Jair Bolsonaro: Comorbidades. Mas ali na nota dele só saiu CODIV-19. Então vamos alertar a quem de direito, ao respectivo ministério, pode botar CODIV-19, mas bota também tinha fibrose nu... montão de coisa, eu não entendo desse negócio não. Tinha um montão de coisa lá, pra exatamente não levar o medo à população.

Após mais alguns ministros, com 1h10min, Damares entra falando de impor valores a ucranianos, ciganos, quilombolas:

> Neste momento de pandemia a gente tá vendo aí a palhaçada do STF trazer o aborto de novo para a pauta, e lá tava a questão de ... as mulheres que são vítima do zika vírus vão abortar, e agora vem do coronavírus? Será que vão querer liberar que todos que tiveram coronavírus poderão abortar no Brasil? Vão liberar geral? O seu ministério, · ministro, tá lotado de feminista que tem uma pauta única que é a liberação de aborto. Quero te lembrar ministro, que tá chegando agora, este governo é um governo pró-vida, um governo pró-família. Então, por favor. E aí quando a gente fala de valores, ministro, eu quero dizer que nós estávamos sim no caminho certo.

[...] nós recebemos a notícia que haveria contaminação criminosa em Roraima e Amazônia, de propósito, em índios, pra dizimar aldeias e povos inteiro pra colocar nas costas do presidente Bolsonaro. Eu tive que ir pra lá com o presidente da Funai e me reuni com generais da região e o superintendente da Polícia Federal, pra gente fazer uma ação ali meio que sigilosa, porque eles precisavam matar mais índio pra dizer que a nossa política não tava dando certo. Então, o que a gente tava fazendo estava dando certo. O que nós estamos fazendo está dando certo. Então, aqui general, todo o nosso trabalho que envolve políticas de valores, precisa estar aqui no Pró-Brasil.

[...] Idosos estão sendo algemados e jogado dentro de camburões no Brasil. Mulheres sendo jogadas no chão e sendo algemadas por não terem feitos nada... feito nada. Nós estamos vendo padres sendo multados em noventa mil reais porque estavam dentro da igreja com dois fiéis. A maior violação de direitos humanos da história do Brasil nos últimos trinta anos está acontecendo neste momento, mas nós estamos tomando providências. A pandemia vai passar, mas governadores e prefeitos responderão processos e nós vamos pedir inclusive a prisão de governadores e prefeitos. E nós tamo subindo o tom e discursos tão chegando. Nosso ministério vai começar a pegar pesado com governadores e prefeitos. Nunca vimos o que está acontecendo hoje.

Terminado o caos conspiratório da ministra de estranhos direitos humanos, o tema foi turismo que, entre outras coisas, defendeu cassinos:

Marcelo Antônio: E pra isso presidente, eu acredito que o momento propício nesse planejamento da retomada, discutir os resorts integrados. Não é legalização de jogos, não é bingo, não é caçaniquel, não é... são resorts integrados. Obviamente, presidente, uma pauta que precisa de ser construída a - Damares tá olhando com cara feia pra mim - uma pauta que precisa de ser construída com as bancadas da Câmara, tanto a evangélica, quanto a católica, mostrando ou desmistificando vários mitos que giram em torno disso.
Damares – *interrompeu*: Pacto com diabo!
Marcelo: (Risos). Não. Não é bem isso não, né? Vou ter que começar a desmistificar pra Damares aqui. Tô... tô vendo isso.
Braga Netto: Vamos conversar.
Hamilton Mourão: [*Ininteligível*] Damares pra jogar uma roleta – *risos*. *Risos*.
Marcelo: Então...
Braga Netto: Vam... Va... Vamos conversar.
Marcelo: É, é, presidente, aqui...
Damares: Separa, separa...
Marcelo: É, é, num, num tô dizendo que a gente tem que colocar isso como um projeto de... de governo, obviamente, mas abrir esse debate em torno... Braga Netto: É só conversar.
Marcelo: Dos resorts integrados.
Braga Netto: Proponha a data. A gente, eu reúno os ministérios, a gente conversa.

Com 1h23min de reunião, entra outro ministro, Weintraub, descrevendo o próprio governo que representa:

> Abraham Weintraub: Tem três anos que, através do Onyx, eu conheci o presidente. Nesses três anos eu não pedi uma única conselho, não tentei promover minha carreira. Me ferrei, na física. Ameaça de morte na universidade. E o que me fez, naquele momento, embarcar junto era a luta pela... pela liberdade. Eu não quero ser escravo nesse país. E acabar com essa porcaria que é Brasília. Isso daqui é um cancro de corrupção, de privilégio. Eu tinha uma visão extremamente negativa de Brasília. Brasília é muito pior do que eu podia imaginar. As pessoas aqui perdem a percepção, a empatia, a relação com o povo.
> [...] Eu, por mim, botava esses vagabundos todos na cadeia. Começando no STF. E é isso que me choca. Era só isso presidente.
> [...] odeio o termo "povos indígenas", odeio esse termo. Odeio. O "povo cigano". Só tem um povo nesse país. Quer, quer. Não quer, sai de ré. É povo brasileiro, só tem um povo. Pode ser preto, pode ser branco, pode ser japonês, pode ser descendente de índio, mas tem que ser brasileiro, pô! Acabar com esse negócio de povos e privilégios.

O presidente então faz discurso demagógico para o "povo" e emenda em outra parte que se complica:

> Mas é a putaria o tempo todo pra me atingir, mexendo com a minha família. Já tentei trocar gente da segurança nossa no Rio de Janeiro, oficialmente, e não consegui! E isso acabou. Eu não vou esperar foder a minha família toda, de sacanagem, ou amigos meu, porque eu não posso trocar alguém da segurança na ponta da linha que pertence a estrutura nossa. Vai trocar! Se não puder trocar, troca o chefe dele! Não pode trocar o chefe dele? Troca o ministro! E ponto final! Não estamos aqui pra brincadeira.
> O que esses filha de uma égua quer, ô Weintraub, é a nossa liberdade. Olha, eu tô, como é fácil impor uma ditadura no Brasil. Como é fácil. O povo tá dentro de casa. Por isso que eu quero, ministro da Justiça e ministro da Defesa, que o povo se arme! Que é a garantia que não vai ter um filho da puta aparecer pra impor uma ditadura aqui! Que é fácil impor uma ditadura! Facílimo! Um bosta de um prefeito faz um bosta de um decreto, algema, e deixa todo mundo dentro de casa. Se tivesse armado, ia pra rua. E se eu fosse ditador, né? Eu queria desarmar a população, como todos fizeram no passado quando queriam, antes de impor a sua respectiva ditadura. Aí, que é a demonstração nossa, eu peço ao Fernando e ao Moro que, por favor, assine essa portaria hoje que eu quero dar um puta de um recado pra esses bosta! Por que que eu tô armando o povo? Porque eu não quero uma ditadura! E não dá pra segurar mais! Não é? Não dá pra segurar mais.
> Jair Bolsonaro: É. Quem não aceitar a minha, as minhas bandeiras, Damares: família, Deus, Brasil, armamento, liberdade de expressão, livre mercado. Quem não aceitar isso, está no governo errado. Esperem pra vin-

te e dois, né? O seu Álvaro Dias. Espere o Alck.min. Espere o Haddad. Ou talvez o Lula, né? E vai ser feliz com eles, pô! No meu governo tá errado! É escancarar a questão do armamento aqui. Eu quero todo mundo armado! Que povo armado jamais será escravizado. E que cada um faça, exerça o teu papel. Se exponha. Aqui eu já falei: perde o ministério quem for elogiado pela folha ou pelo globo! Pelo antagonista! Né? Então tem certos blogs aí que só tem notícia boa de ministro. Eu não sei como! O presidente...

Jair Bolsonaro: Leva porrada, mas o ministro é elogiado. A gente vê por aí. "A, o governo tá, o... o ministério tá indo bem, apesar do presidente.". Vai pra puta que o pariu, porra! Eu que escalei o time, porra! Trocamos cinco. Espero trocar mais ninguém! Espero! Mas nós temos que, na linha do Weintraub, de forma mais educada um pouquinho, né? É... de se preocupar com isso. Que os caras querem é a nossa hemorroida! É a nossa liberdade! Isso é uma verdade. O que esses caras fizeram com o vírus, esse bosta desse governador de São Paulo, esse estrume do Rio de Janeiro, entre outros, é exatamente isso. Aproveitaram o vírus, tá um bosta de um prefeito lá de Manaus agora, abrindo covas coletivas. Um bosta. Que quem não conhece a história dele, procura conhecer, que eu conheci dentro da Câmara, com ele do meu lado! Né? M?: [Ininteligível].

Jair Bolsonaro: E nós sabemos o ... o que, a ideologia dele e o que ele prega. E que ele sempre foi. O que a ... tá aproveitando agora, um clima desse, pra levar o terror no Brasil. Né? Então, pessoal, por favor, se preocupe que o de há mais importante, mais importante que a vida de cada um de vocês, que é a sua liberdade. Que homem preso não vale porra nenhuma

Braga Netto: Paulo Guedes é o último debatedor.

Paulo Guedes: Ô presidente, esses valores e esses princípios e o alerta aí do Weintraub é válido também, como seu ... sua evocação é que realmente nós estamos todos aqui por esses valores. Nós tamos aqui por esses valores.

Após esse arroubo do presidente, Guedes é chamado para fechar os debates e, após alguns outros temas, ajuda a defender cassinos – e reclama com Damares:

Paulo Guedes: Aquilo não atrapalha ninguém. Deixa cada um se foder. Ô Damares. Damares. Damares. Deixa cada um... Damares. Damares. O presidente, o presidente fala em liberdade. Deixa cada um se foder do jeito que quiser. Principalmente se o cara é maior, vacinado e bilionário. Deixa o cara se foder, pô! Não tem... lá não entra nenhum, lá não entra nenhum brasileirinho.

Damares: Se C... se o C...

Paulo Guedes: Não entra nenhum brasileirinho desprotegido. Entendeu?

Damares: Se a CGU concordar. Se a CGU tiver como controlar a entrada e a saída do dinheiro.

Paulo Guedes: Isso, então vamo lá.

Damares: Se não tiver como lavar dinheiro sujo lá.

Outros ministros também fazem coro:

> Marcelo: Ministro, é só um dado. A OCDE, noventa por cento dos países que hoje integram a OCDE já contam com os resorts integrados. Os outros dez por cento é porque são muçulmanos, por isso não estão.
> Damares: Oitenta e oito por cento tem o ensino domiciliar. Então, a gente vai entrar com a MP hoje lá, tá?
> Hamilton Mourão: Homeschooling.
> Damares: Homeschooling.

Guedes decide se embrenhar para a Saúde:

> Agora, eu... eu que... se me permitem, eu queria fazer uma observação rápida sobre a área de... de... de... de medicina. Eu, eu acompanho os números diariamente. Eu vejo que a... os óbitos, eles chegaram a... a diários, passaram de duzentos durante algum... alguns dias. Quatro, cinco dias. Mais... mais de... de duzentas pessoas sendo mortas. De uns quatro, cinco dias pra cá, esses óbitos caíram bastante. Já não chegam mais na casa de duzentos.
> A minha sensação, de quem não é especialista no negócio, mas que observa os números, é que o tal do pico, o tal do famoso pico, que gerava tantas preocupações, a minha sensação é que esse pico já passou, né? Agora...
> Braga Netto: É que o senhor não viu o número que nós mostramos lá em cima, agora, mas isso é outra história. Senhores, sem querer cortar, muito obrigado a todos porque senão vou... não termina – *risos*.

Com 1h54min, a reunião de palpiteiros sobre o vazio plano "Pró-Brasil" termina. Não tem muito o que comentar, as citações falam por si – tentei colar algumas mais longas para não sair do contexto.

O *post* já ficou gigante, é mais para arquivar algumas dessas preciosidades no livro. Inclusive a ameaça de trocar Moro se não tivesse informações da PF. A prova de que caminhamos para uma ditadura se não houver *impeachment*.

Não dá mais para ter um desgoverno desses no meio da maior crise humanitária que vivemos – e viveremos.

Obs.: foram 3h para construir este *post*. Amanhã e segunda, *off-line* pra reanimar.

26 DE MAIO

DIAS 75, 76 E 77

Dias muito frios... Ontem, foi nossa nona segunda-feira em quarentena. A primeira congelando.

Nos arredores de Berlim, uma orquestra boliviana está presa em um castelo esse tempo todo. Com as fronteiras fechadas, os vinte membros vivem de doações, convivem com o fantasma de Frederico, o Grande, e não podem sair para passear na floresta em volta, que possui 20 bandos diferentes de lobos selvagens.

Aqui em São Paulo, o super feriadão manteve isolamento acima de 50%, o que não é suficiente. O ideal seria acima de 70%.

Continuando com sua política quixotesca de achar que é só gripezinha, presidente tentou comer cachorro-quente na rua no domingo e foi recebido com vaias e xingamentos. A *hashtag* #vaitrabalharvagabundo ficou no topo do Twitter.

Em Porto Alegre, uma carreata a favor do presidente foi obrigada a dar meia volta ao encontrar ato antifascista. Vídeo viralizou também.

No Rio de Janeiro, Witzel é alvo de operação da Polícia Federal por desvios em ações contra coronavírus. Governador teve seu computador e celular apreendidos.

Já não bastava a cloroquina, agora é a prefeitura de Betim que distribui remédios homeopáticos para sintomas da Covid.

Mundo ultrapassa 350 mil mortes. Brasil já é o vice-líder em total de casos, com 380 mil infectados.

Em breve, talvez essa semana, ultrapassaremos os EUA e seremos líderes em mortes diárias.

Trump proíbe oficialmente brasileiros de entrarem nos EUA.

Bonner recebe mensagem com dados sigilosos da família. Veio de um celular de Brasília. Seria alguma ameaça? Seu filho já foi alvo de fraude ao ser cadastrado para receber auxílio emergencial.

Grupos Globo, Band e *Folha* retiram cobertura em frente ao Palácio da Alvorada após ataques que seus jornalistas têm recebido no local.

Mas deveriam é parar de entrevistar a presidência e o governo por completo. Apenas observar de longe, como num safári, o comportamento peculiar dos animais lá dentro.

Enquanto isso, Record continua mostrando que tudo não passa de uma gripezinha e Silvio Santos cortou a exibição do jornal de sábado para não repercutir o vídeo da reunião ministerial.

Manchetes de quarentena:

- "Por filha surda, mãe faz máscara transparente: 'Acharam que era pelo batom'";[111]
- "PM de SP prende grupo suspeito de fraudes no auxílio emergencial. Foram encontrados cerca de 100 cartões para sacar o benefício e quase R$ 8 mil";[112]
- "Morre iogue indiano que afirmava estar há 80 anos sem comer nem beber";[113]
- "O que fazer sem salão na pandemia? Especialista tira dúvidas mais comuns";[114]
- "Mesmo com a morte do indiano de 90 anos, que não comia nem bebia há 80, a Índia está com baixa taxa de mortalidade. Voos domésticos serão retomados";[115]
- "Divisa entre Índia e China volta a trazer tensão de confronto entre os dois países";[116]
- "Os EUA ameaçam China com sanções se autonomia de Hong Kong for realmente ameaçada."[117]

Governo alemão "compra" 20% da Lufthansa para ajudá-la com 9 bilhões de euros. Os EUA já tinham plano de US$ 25 bilhões para aéreas pagarem funcionários até setembro – com outros US$ 25 bilhões reservados se necessário.

Latam pede recuperação judicial nos EUA. Gigante global de aluguel de carros – Hertz – também.

Na National Association of Securities Dealers Automated Quotations (NASDAQ), as dez maiores empresas listadas ganharam US$ 900 bilhões em valor de mercado esse ano. As outras 2,6 mil empresas que integram o índice perderam juntas US$ 300 bilhões.

Zuckerberg e Bezos foram alguns dos que tiveram maior aumento de patrimônio. O interessante é que, enquanto o bilionário dono do Twitter doou 25% de sua fortuna estimada, o segundo na lista doou "apenas" 2% de seu patrimônio – um dos fundadores do Ebay. Já Bezos e Zuckerberg? Menos de 0,01% cada um.

Enquanto isso, um jovem de 17 anos negou oferta de R$ 46 milhões por um site que construiu e que monitora os casos de Covid-19, um dos mais acessados do mundo. Segundo ele: "há mais na vida que dinheiro e haverá mais oportunidades de ganhá-lo, por enquanto estou promovendo um serviço para milhões de pessoas."[118]

27 DE MAIO

DIA 78

Hoje, sem novidades, só uma reflexão: encerro esse diário daqui a três semanas, quando completar 100 dias.

Depois fecho com um epílogo *"Que fim levou…"*, tipo documentário, falando dos personagens dessa tragédia – e esperando dar a notícia que o presidente caiu.

Quando iniciei o diário, pensei que seriam 40 ou 50 dias no máximo. Nunca imaginei mais de três meses.

Ultrapassamos ontem os EUA em mortes diárias. Somos oficialmente o epicentro. Não teremos o fim da epidemia em um mês, não acompanharemos o resto do mundo nas reaberturas. Não fizemos a lição de casa.

Frases de sábios para quarentena com raiva do presidente: *"Se v. tem estado desterrado, eu sem desterro também o tenho estado. V. não imagina! Tenho passado estes últimos meses a passar estes últimos meses. Mais nada, e uma muralha de tédio com cacos de raiva em cima."*, está escrito em uma carta de Fernando Pessoa a um amigo em setembro de 1916. O Brasil não é normal há 500 anos, mas pra ficar só nos últimos 2 anos…

Top 5 questões mais procuradas no Google 2019:
1. O que é libido?;
2. O que é cagarra?;
3. O que é democratização?;
4. O que é golden shower?;
5. O que é Shallow Now?

Top 5 de 2018:
1. O que é fascismo?;
2. O que é intervenção militar?;
3. O que é lúpulo?;
4. O que é Ursal?;
5. O que é Corpus Christi?

Nosso mundo pós-corona será um "novo anormal"?

De normal, só a vista da janela quadriculada pela rede de proteção nos últimos 78 dias. A vista seria mais bonita se meu gato tivesse menos instinto suicida...

28 DE MAIO

DIA 79

O Mundo caminha mesmo para o fim da pandemia e seu "novo norml". A Eslovênia é o primeiro país europeu a anunciar estar livre do vírus. Disney reabre em junho, mas com distanciamento e proibição de abraçar o Mickey.

A F1 recomeça oficialmente em 5 de julho na Áustria. NBA já planeja retomar com todos os jogos, sem público, acontecendo em um complexo da ESPN em Orlando.

Mundo ultrapassa 360 mil mortes e 5,8 milhões de contaminados.

Brasil chega a quase 27 mil mortes – amanhã ultrapassaremos Espanha e França.

Efeito da quarentena: criminalidade na cidade de São Paulo despencou no último mês – comparando com abril do ano passado. Furtos em geral caíram 60%, furtos de carros, 50%. Estupros caíram 44% e homicídios 10%.

Brasil perde 5 milhões de postos de trabalho entre março e abril – 80% desse número eram informais. Desemprego "formal" subiu para 12,8 milhões de pessoas.

Na Índia, banco Goldman Sachs analisa que será um impacto ainda maior, com quase 50% de queda no PIB do trimestre.

Nos EUA, mesmo com eliminação de 20 milhões de postos de trabalho, economia está animada. Com a redução do isolamento e impressão de dinheiro pelo Fed, bolsa americana já volta ao nível do início de março, pré-coronavírus.

As atuais 100 mil mortes nos EUA já ultrapassam a soma de todas as guerras em que entraram nos últimos 60 anos – Vietnã, Iraque, Afeganistão, Iraque de novo e outras "menores".

Mesmo com pandemia, há protestos intensos em Minneapolis pela morte de George Floyd, um homem negro asfixiado por um policial, com o joelho, por quase 10 minutos. Tudo filmado.

Mesmo com protestos nas ruas e ameaças dos EUA, a China aprovou hoje a lei de segurança nacional em Hong Kong. Seria o "maior desafio ao ocidente" desde 1989, quando "massacrou" protesto por democracia na praça da Paz Celestial.

El País resume o caos da Venezuela:

> [...] desencadeou-se a tempestade perfeita. Com a emergência sanitária do coronavírus, à instabilidade política e à precariedade social acrescentou-se um coquetel de escassez de gasolina, colapso dos serviços, cortes de energia e de água que multiplicam as graves disfunções do país.[119]

No contador oficial, houve só uma morte lá por Covid-19. Claramente, desistiram de contar.

A mania de *lives* não termina. Agora até a NASA transmitirá o lançamento de um foguete sábado, com uma missão tripulada para a Estação Espacial.

Após 70 dias cozinhando, pedimos *delivery* do #movimentohappiness. Nunca mais tínhamos comido hambúrguer. O gosto nos levou ao mundo pré-corona.

Em parceria com projeto #belezanaperiferia e #movimentohappiness, 50 crianças de Guarulhos receberão o livro da *Pequena Princesa* com uma carta feita também por crianças e uma cesta básica.

29 DE MAIO

DIA 80

Esse diário tirou um pouco o foco em BolsoNero nos últimos dias, mas vale um resumo dos maiores destaques em 9 passos – pulem essa parte, é só para registro mesmo do caos que vivemos:

1. Movimento Sleeping Giants chegou semana passada ao país, denunciando empresas que anunciam em sites de *fake news*;
2. em cinco dias, o perfil superou 200 mil seguidores e virou "sensação" entre políticos e personalidades. Segundo a matriz americana:

   […] perfil gerou um movimento massivo em todo o Brasil, sendo comentado por todos, desde o maior youtuber do país até os filhos de seu presidente, teve grandes anunciantes que deixaram de apoiar um site que espalha desinformação e, em breve, será muito maior do que a nossa humilde e pequena conta.[120]

3. diversas empresas e multinacionais foram cobradas e se posicionaram retirando anúncio desses sites. O presidente do Banco do Brasil chegou a tirar anúncios dos sites denunciados pelo Sleeping Giants. Carlos Bolsolnarro pressionou e ele teve de liberar anúncios nessas páginas de extrema-direita. Aí no meio da semana, o TCU mandou o banco suspender de novo;

4. na terça, presidente quis mostrar força e comemorou ação da PF contra Witzel, seu amigão na eleição;

5. na quarta, recebeu o contragolpe com ação da PF contra seus apoiadores nas redes de *fake news*. Houve busca e apreensão na casa de vinte apoiadores – Roberto Jefferson entre eles –, incluindo quebra do sigilo bancário dos possíveis financiadores. Os alvos foram o dono da Havan – Hang –, o da Smart Fit, alguns blogueiros e ativistas como a ex-feminista-now-alienista Sara Winter;

6. o ministro do STF, Alexandre de Moraes, apontou que seriam os

> [...] possíveis responsáveis pelo financiamento de inúmeras publicações e vídeos com conteúdo difamante e ofensivo ao Supremo Tribunal Federal; bem como mensagens defendendo a subversão da ordem e incentivando a quebra da normalidade institucional e democrática.[121]

7. BolsoNero berrou para repórteres que "acabou, porra!", seu filho falou que não é questão de "se", mas de "quando" será a ruptura – indicando golpe;

8. os últimos dois dias foram de muita discussão nas redes e na imprensa sobre o perigo do golpe militar e sobre como ele está armando a população. A venda de armas e munições disparou após decretos recentes dele. Alguns destaques das forças armadas declararam apoio ao "acabou, porra!";

9. Barroso assume a presidência do STE e promete colocar em pauta o *impeachment* da chapa do PSL pelas *fake news* na eleição. Em seu discurso de posse, dá um claro recado ao protoditador:

> Como qualquer instituição em uma democracia, o Supremo está sujeito à crítica pública e deve estar aberto ao sentimento da sociedade. Cabe lembrar, porém, que o ataque destrutivo às instituições, a pretexto de salvá-las, depurá-las ou expurgá-las, já nos trouxe duas longas ditaduras na República. São feridas profundas na nossa história, que ninguém há de querer reabrir.

[...] *A educação não pode ser capturada pela mediocridade, pela grosseria e por visões pré-iluministas do mundo. Precisamos armar o povo com educação, cultura e ciência.*[122]

Tempos sombrios... E ainda temos uma pandemia.

Brasil continua na liderança em mortes diárias, hoje foram 1.124 fora a subnotificação.

Na Argentina, que possui governo e fez quarentena, apenas duas mortes hoje. Aqui, com o negacionismo presidencial, nas últimas 12h tivemos mais mortes que nos 80 dias de pandemia na Argentina.

Boa notícia: a reprovação de BolsoNero vai a 43% e supera a de Collor pouco antes do início do *impeachment*.

Manchetes de quarentena:

- "Escolas usam rádio para levar conteúdo a estudantes [sem acesso à internet] de todo o país";[123]
- "Como fica a linguagem não verbal com as máscaras? Neurociência explica";[124]

No México, *fake news* no Facebook incentivaram revolta em um povoado indígena. Manifestantes acreditaram que coronavírus vinha de um pó branco espalhado por drones e saíram depredando prefeitura e comércio local.

Nos EUA, os protestos contra o policial assassino continuam em plena pandemia: "Trump sugere atirar em manifestantes, e Twitter inclui aviso sobre glorificação da violência".[125]

Hoje, só hoje, policial assassino que sufocou por oito minutos George Floyd, com tudo gravado em vídeo, dos piores que já vi na vida, só hoje, *após três dias* de incêndios na cidade, *hoje*, só agora há pouco, o policial assassino foi preso.

Coreia do Sul vê novos casos e recoloca 20 milhões de pessoas em quarentena em torno da capital Seul.

Na Índia, já tínhamos visto vídeos de macacos brincando em piscinas abandonadas na quarentena. Agora invadiram laboratório de universidade e roubaram sangue infectado com Covid-19.

Live de 3h em prol da Amazônia – recorde de queimadas na pandemia – foi realizada ontem por líderes indígenas e diversas personalidades globais, como: Barbra Streisand, Sting, Morgan Freeman,

Dave Matthews, Jane Fonda, Ricky Martin, Ivan Lins, Carlos Santana e Greta Thunberg.

Iniciou hoje o festival We Are One no Youtube. Assistam, inclusive os curtas que são bem interessantes! Serão 10 dias de filmes de diversos festivais de cinema globais como: Annecy, Berlim, Cannes e Sundance.

Amanhã sábado *off-line* com foco em emendar um filme atrás do outro.

Fica pra pensar: Como as telas antes eram sinônimo de afastamento e agora são de proximidade né? Marcar um Zoom com alguém da mesma cidade, do mesmo bairro, era antes impensável: "Peraí, que coisa fria! Vamos marcar de verdade num barzin ou num café...". E ficava nessa: "Boa, marcamos sim!" E aí vinha um "Então vamos nos falando, essa semana não dá, mas na outra rola"; "Fechado, na outra marcamos então". E não rolava.

31 DE MAIO

DIA 82

E a pandemia descambou para a política também nos EUA. Com a redução e estabilização das mortes, o resto do mundo saiu das manchetes.

Os presidentes das duas maiores nações das Américas incendeiam o caos para tentar desviar de sua incompetência. O norte-americano busca reeleição; o sul-americano, um golpe. Essa é a maior diferença.

Nos EUA, Trump tuitou duas vezes uma citação de um policial racista na década de 1960: "Quando os saques começam, os tiros começam.". Não encontrei nenhuma mensagem dele contra o policial assassino. Nem busquei muito, mas ele tem um histórico grande de não se solidarizar com essas mortes por violência policial – muito parecido com o nosso aqui.

Já o presidente brasileiro participou de atos antidemocráticos novamente, retuitou mensagem de Trump sobre classificar como terroristas os protestos – para poder aplicar violência também –, curtiu uma manifestação Ku Klux Bananas Klan à frente do STF e usou dinheiro público para ir de helicóptero comer pastel em uma pequena cidade sem máscara.

Na capa do *New York Times*: "Two Crises Convulse a Nation: A Pandemic and Police Violence".[126]

Se lá possuem duas crises, aqui temos vinte. Mas temos uma que vale por todas, um presidente buscando a ruptura democrática ao atacar STF, Congresso, imprensa, gerar *fake news*, aparelhar o governo de militares e seus seguidores fanáticos e milicianos e agora KKK com armas.

Hoje, na Avenida Paulista, torcidas organizadas de Corinthians e Palmeiras realizaram protesto a favor da democracia. Em outro canto, apoiadores do golpe. A Polícia Militar jogou bombas em um dos lados só, adivinha?

Essa semana li *A tempestade* de Shakespeare pensando que teria algo inspirador para o diário, já que a história traz um isolamento em uma ilha. Mas a melhor citação conecta mais com nosso governo mesmo: "O Inferno está vazio, e os demônios estão todos aqui".

***

Agora, voltando à pandemia... Dia 9 de maio, tínhamos 10 mil mortes. Hoje, 30 mil. Triplicamos em vinte dias. Somos o quarto país em número de mortes.

O Uruguai é outro bom exemplo de reação rápida lá no início. Não registra mortes há uma semana, só teve 22 no total. A cidade de Joinville, que tem um terço da população do Uruguai, teve o triplo de mortes. Florianópolis, com apenas sete mortes – e há três semanas sem subir esse número –, fez igual ao Uruguai lá no início. Que eu me lembre, cancelou transporte público semanas antes do resto do país. Mas cancelou mesmo, zero ônibus.

Manchete: "Um quinto dos brasileiros furou isolamento por estar entediado, diz pesquisa".[127]

Aqui em São Paulo, povo já estava animado para a reabertura amanhã, mas ontem prefeito avisou que prorrogará mais quinze dias a quarentena.

Adaptei essa ideia de uma amiga. Será que fossem zumbis invisíveis que, aleatoriamente, comessem a cabeça de mil brasileiros nas ruas, será que se fossem mais ensanguentadas e gráficas essas mortes, o povo[2] perceberia que é pra ficar em casa?

---

2 Quem pode, claro, exceto os heróis dos serviços essenciais. Imagino, para esses, o desânimo que dá passar o dia no caos nos hospitais (ou no risco nos outros serviços) e ver o presidente continuar minimizando a "gripezinha".

Aqui, o auxílio emergencial chega com dificuldade à população e às empresas justamente pela incompetência política.

SpaceX lançou seu primeiro foguete tripulado ontem, com transmissão ao vivo. Os astronautas pareciam bem felizes, só voltam em 2021.

ALGUNS TUÍTES E MEMES COMPARTILHADOS NO MÊS DE MAIO:

- Saudade de acordar e não ter pandemia no mundo;
- Alguém sabe se a segunda quarentena se repete com a mesma família ou podemos trocar?;
- Faltam duas semanas para que nos digam que faltam duas semanas para nos dizerem que faltam duas semanas;
- Não vou acrescentar o ano de 2020 na minha idade. Nem o usei!;
- Eh Pitty parece que infelizmente eu não aproveitei cada segundo antes que isso aqui virasse uma tragédia;
- Ah, não pego covid porque Deus está comigo…
- – Criatura, ele viu o filho ser crucificado e deixou! Quem é tu na fila do pão?;
- Vai abrir shopping praq porraaaaaaaa pra comprar roupa pro próprio enterro desgraçaaaaa.

JUNHO

1 DE JUNHO

DIA 83, 17 DIAS PARA O FIM DO DIÁRIO

Chegamos em junho. Isolamento começou em março. Quantas UTIs lotadas nosso presidente cavaleiro do apocalipse visitou em maio? E em abril?

A pergunta é retórica, pois não sei mesmo nem vi em lugar algum... Só o vejo em manifestações antidemocráticas na rua ou no Twitter. E comendo pastel.

No horário comercial, ele continua focando apenas em se blindar contra o *impeachment*. Hoje continuou comprando o "Centrão" – entregou a presidência do Fundo Nacional de Desenvolvimento da Educação (FNDE), um fundo de R$ 55 bilhões.

Nem com saúde, nem com reconstrução da economia ele está preocupado. Deixei passar, isso foi há alguns dias:

> O governo brasileiro não faz parte de uma lista de mais de 50 países e entidades internacionais que se reuniram nesta quinta-feira com a ONU para traçar uma estratégia para uma recuperação sustentável do mundo pós-pandemia. Na América do Sul, apenas o Brasil e a Venezuela não estão incluídos.[128]

Pois é, não estão inclusos, mas foram convidados.

Notícia boa: "Em Manaus, Arminda Santos, de 105 anos, venceu a Covid-19 e teve alta nesta sexta-feira (29). Arminda é hipertensa, diabética e ficou por 30 dias em estado grave. De acordo com os médicos, a recuperação dela foi uma surpresa."[129]

Chipre reabrirá voos internacionais na próxima semana. Como 15% da economia depende do turismo, governo local já avisou que cobre todos os custos dos turistas que se infectarem.

Coliseu reabre em Roma hoje. Portugal volta a abrir cinemas. Holanda reabre museus. Grécia libera hotéis e até piscinas públicas.

Por aqui, serão reabertas amanhã pela prefeitura as praias do Rio. As igrejas também. A diferença é que sem a epidemia controlada e com UTIs lotadas. Não precisava ser assim. Tivemos tempo pra nos preparar.

Na China, parecia distante... Mas quando chegou na Europa, era só ter governo, como Uruguai, Argentina, Paraguai... *Todos reabrindo. E nós? Epicentro.*

Volto à questão do início: quantas UTIs o presidente visitou? Aliás, quantos novos potenciais ministros da Saúde ele entrevistou? Continuaremos com o militar interino até quando?

Trump rompeu e cortou o financiamento para OMS semana passada.

Ontem, 40 cidades americanas tiveram toque de recolher. Já são 4 mil presos e três mortos nas manifestações.

Trump se escondeu no *bunker* da Casa Branca. Vídeos mostram manifestantes invadindo o gramado e quebrando vidraças lá.

Protestos antirracistas também aconteceram em diversas cidades do mundo. Os EUA voltaram a 2016 – com os protestos na NFL de Kaepernick que enlouqueceram Trump.

Spike Lee compartilhou uma cena de seu filme editada junto com as recentes mortes de violência policial. A morte por sufocamento é igualzinha. Os EUA também voltaram a 1990.

E nós continuamos com um governo tentando um golpe contra o que chama de "invasão do comunismo" e com manifestantes pró-ditadura fazendo a "Marcha da Família". Não saímos de 1964.

Ah, bônus. O presidente compartilhou uma frase do líder fascista Mussolini: "Melhor um dia como leão do que cem anos como ovelha".

De acordo com o site de Aventuras na História:

Mussolini era a maior inspiração do Fuhrer. O estilo dramático, nacionalismo exacerbado e poder de dominação das massas, assim como a insólita saudação, foram utilizados pelo ditador alemão após ele chegar ao poder. Segundo o tirano afirmou para sua amante Claretta Petacci em 1938, Hitler "tinha lágrimas nos olhos" quando os dois se viram pela primeira vez.[130]

Boa noite de 1937 para todos nós – como se isso fosse possível.

2 DE JUNHO

#blackouttuesday #theshowmustbepaused

3 DE JUNHO

DIA 85, 15 DIAS PARA O FIM DO DIÁRIO

Num sábado, dia 4 de abril, raspei a cabeça em casa. Achava que seria a única vez. Ainda era o dia 24 da pandemia. Neste sábado, dia 6 de junho, vou raspar pela segunda e espero que última vez.

Não precisava ser assim. Se tivéssemos governo, estaríamos já na fase de reanimar as roupas e os sapatos do armário. Arejar tudo. Começar a marcar reencontros com amigos e famílias aos poucos.

O país desgovernado vive o Paradoxo de Zenão. Ele descrevia a corrida entre Aquiles e uma tartaruga. Mas, a cada aproximação que Aquiles conseguia, via ela se afastar um pouquinho mais, e nunca a alcançava.

Nós, a cada dia que passa, vemos o pico da curva mais longe. Se tivéssemos governo, estes últimos quinze dias seriam para fechar com final feliz. Mas não, nosso terraplanista ontem disse que "lamenta, mas todos vão morrer um dia".[131]

Keynes dizia que "no longo prazo, todos estaremos mortos". BolsoNero fez a releitura que podem morrer mais 30 mil agora em junho sem problemas, o importante é ele se salvar do *impeachment*.

"Lamento, é destino de todo mundo", foi seu comentário.

Ele continua entregando cargos a chefões investigados na Lava Jato e Mensalão: Ciro Nogueira, Valdemar da Costa Neto e Roberto Jefferson. Os dois últimos inclusive foram condenados nos esquemas de corrupção.

Anonymous Brasil vazou dados pessoais do presidente, da família e de alguns ministros como Weintraub e Damares. Como o presidente continua sem partido, a população tratou de usar seu CPF para filiá-lo ao PT.

Secretário do Tesouro, o Mansueto, prevê que a dívida pública chegue a 94% do PIB esse ano. Afirmou que o país precisa gastar o que for necessário na saúde para enfrentar a pandemia.

Manchetes de quarentena:

- "Com mais tempo livre, McGregor [lutador do MMA] come abelha em quarentena";[132]
- "Balada no Zoom: Como é me arrumar para uma festa em que curto sentada na sala";[133]
- "Quarentena fez explodir busca por casas de campo em condomínio de luxo: as vendas no primeiro trimestre de 2020 cresceram 143% em relação ao mesmo período do ano passado."[134]

O livro *Decamerão*, de Boccaccio, descreve essa mesma situação. No meio de uma peste, a elite se isolou em castelos e ficou tomando vinho e ouvindo histórias. O ano era 1350.

Pesquisa realizada com 2 mil pessoas, com margem de erro só de 2%, identificou que um terço das classes A e B pediu auxílio emergencial. E 70% recebeu o dinheiro – o livro *Decamerão* não precisou incluir esta parte.

Fórum Brasileiro de Segurança Pública aponta aumento de 22% no feminicídio em março e abril – o número passou de 117, em 2019, para 143 neste ano. As denúncias no 180 aumentaram 36%.

Teste de vacina que está sendo desenvolvida pela Universidade de Oxford contará com 2 mil brasileiros voluntários.

No interior do Maranhão, uma grande manifestação faz passeata contra isolamento e, ao final, queima máscaras.

No Congo, novo surto de Ebola mata quatro pessoas e complica o enfrentamento da Covid-19 e do Sarampo – possuem o maior surto do mundo de Sarampo.

Chile vê casos de coronavírus explodirem. Fizeram isolamento apenas em alguns bairros de Santiago – 7 milhões de habitantes – em março. Só no meio de maio partiram para quarentena mais rígida. Em um mês, os casos aumentaram 500% – para 100 mil contaminados – e as mortes subiram 374% – para mais de mil.

Peru, segundo país mais afetado, ficou sem oxigênio para os respiradores. Está buscando importar do Equador e adaptar fábricas para produzir internamente. "Em alguns hospitais, eles estão pedindo que levem oxigênio".[135] Quem "leva" o seu, precisa comprar *on-line* – 1000 dólares.

Após protestos, "Suécia vai abrir 'CPI da covid' para apurar governo por não isolar população".[136]

Facebook teve reunião tensa entre 2 mil funcionários e Zuckerberg. Eles cobravam que a empresa se posicione contra a declaração violenta de Trump – tuíte citando policial racista da década de 1960. Alguns se organizaram e fizeram greve virtual.

Hashtag #blackouttuesday inundou as redes sociais de quadrados pretos em protesto ontem. Artistas e gravadoras cancelaram shows no dia também como luto, ampliando com a hashtag #theshowmustbepaused.

Alucinações absurdas de pandemia:

- William Waack, que foi demitido da Globo por racismo, comenta os protestos antirracistas na CNN Brasil;[137]
- Presidente da Fundação Palmares chama movimento negro de "escória maldita";[138]
- Nos EUA, a polícia deu tiro de borracha em manifestantes parados, pacíficos, próximos à Casa Branca. Isso foi feito só para Trump caminhar até lá e tirar foto na frente de uma igreja. Até a igreja condenou a ação;[139]
- Manchete de NY: "Após ter loja vandalizada durante protestos antirracismo, Marc Jacobs defende manifestantes: 'propriedades podem ser substituídas, vidas humanas, não', postou o estilista em seu perfil no Instagram".[140]

Trump chama quase 2 mil soldados para patrulhar Washington. Protestos antirracistas continuam. Também se espalham pelo mundo.

Há duas semanas, esse diário dedicou o *post* ao João Pedro, que foi assassinado pela PM na sala de casa. Essa é uma tragédia bem brasileira. E, sem as manifestações, se nada mudar, tudo cai no esquecimento. E o genocídio continua.

Um exemplo: em fevereiro do ano passado, Pedro Henrique, de dezenove anos, morreu asfixiado pelo segurança de um supermercado no Rio de Janeiro. Como nos EUA, tudo foi filmado enquanto ele agonizava. Foram quase dez minutos de vídeo mostrando que ele sufocava, que o segurança não soltava, que os pedidos de todos em volta, para que fosse solto, não eram atendidos.

A gente não lembra, né? Mas, até hoje, esse segurança não foi condenado.

04 DE JUNHO

DIA 86, 14 DIAS PARA O FIM DO DIÁRIO

Mundo ultrapassa 390 mil mortes e 6,66 milhões de infectados.

Nos EUA já são 110 mil.

Brasil, ontem, teve recorde de 1.350 mortes em 24h.

Hoje, ultrapassou 33 mil no total.

Uma parte interessante desse diário é escolher o que *não* colocar. Existem manchetes e polêmicas que não parecem ser relevantes para quem for ler esse livro daqui a dez anos. Mas, justamente, pela miopia de estar no meio do furacão, posso ter deixado passar algo importante para o futuro.

Um exemplo de grande parte das discussões que estamos vivendo hoje pode se dar no grupo "Somos 70 por cento" do Facebook. Montado no final de semana, após o manifesto, e que já conta com quase 200 mil membros.

O grupo juntou gente de todas as crenças políticas. E, como de costume, tem muita gente se batendo. Alguns exemplos:
- pessoas de esquerda são criticadas por apoiarem o movimento, que seria uma iniciativa de pessoas de direita;
- pessoas de esquerda criticam pessoas de direita, pois não podem ser contra o fascismo sem serem contra o capitalismo;

- pessoas arrependidas de terem votado em BolsoNero são criticadas porque se arrependeram tarde demais;
- pessoas de esquerda são criticadas por outras pessoas de esquerda porque só o petismo salvaria o país e seus líderes não assinaram o manifesto. Vice-versa para a direita e seus líderes que também não assinaram;
- pessoas reclamam que manifesto *on-line* não adianta nada e criticam quem não sai à rua. E vice-versa de quem sai à rua e deveria ficar em casa evitando aumentar a pandemia;
- pessoas de direita são criticadas porque não podem querer defender democracia e ser de direita;
- pessoas de esquerda são criticadas porque não podem querer defender democracia e ser de esquerda;
- pessoas criticam que não adianta fazer esse movimento se não for realizada uma revolução e a Coca-Cola deixar de existir. E o dólar também. E os bancos. E a Globo;
- Vi também diversas outras variações desses comportamentos acima.

Tem uma frase, que não lembro de quem, que diz que "as massas geralmente estão certas sobre o que está errado, mas geralmente estão erradas sobre o que seria o certo".

Ao menos essa lógica se aplica ao pensamento do grupo. Parece haver unanimidade de que nunca tivemos alguém tão exatamente fascista na presidência. Historiadores, *help*.

Fico imaginando se Bolsolsauro tivesse sido um dos presidentes durante a ditadura. Será que não teria feito um estrago ainda maior que os ditadores daquela época? Se a resposta for positiva, temos o pior presidente da história da república? Se for negativa, em que posição ele estaria entre os cinco piores presidentes da história?

Exemplo de hoje no *Diário Oficial*: governo transfere para gastar em publicidade um montante de R$ 83 milhões que seriam do Bolsa Família.[141]

Editar esse diário é escolher uma história sendo parte dela, sem conseguir ver o todo. Daqui a dez anos, quando eu revisitar o que foi escrito, acho que verei muitos furos… Enfim, foi só um aparte. O ponto bom é que a frente democrática mais ampla parece estar se fortalecendo na política também.

Manchete: "Kim, Joice, Freixo, Molon e Tabata criam grupo de WhatsApp".[142]

No final de semana, no grande festival de cinema promovido pelo YouTube, assisti ao documentário *Rudeboy: the Story of Trojan Records*. É sobre a chegada do *reggae* nos anos 1960 e 1970 na Inglaterra. Detalhe: quem popularizou esse estilo de música lá, levado por imigrantes jamaicanos, foram os... *skinheads*! Foram eles que primeiro começaram a pedir as músicas e comprar os discos de *reggae*. Só depois, o grande público aderiu.

O documentário cita que, à época, *skinheads* ainda não eram tão violentos como uma segunda geração que veio depois. Tinham maior ênfase na moda de cabelo raspado e "só" brigavam mais com os *hippies*-paz-e-amor.

Ainda assim, jamaicanos e *skinheads* conseguiram conviver na periferia de Londres ouvindo *reggae*. Por que não conseguimos nos unir para evitar a ruptura democrática aqui? Falta música? – reforçando: pelo documentário, os *skinheads* da época eram bem diferentes dos que vieram a partir da década de 70 e dos atuais. O reggae também não era tão paz e amor. As músicas de maior sucesso no início traziam algumas letras "glorificando" a violência.

Protestos antirracistas nos EUA continuam. Uma cena forte tem sido quando todos se deitam e uma pessoa com megafone fica dizendo as palavras que George Floyd falava enquanto era asfixiado por 8 minutos e 46 segundos.

5 DE JUNHO

DIA 87, 13 DIAS PARA O FIM DO DIÁRIO

Estamos quase completando três meses... E pensar que o Ronaldinho Gaúcho continua preso em hotel no Paraguai, né?

A bolsa voltou a se aproximar dos 100 mil pontos e dólar caiu abaixo de R$ 5 – um mês atrás tinha chegado a quase R$ 6. O grande impulso veio pela retomada dos empregos nos EUA. Mais de 2 milhões de postos de trabalho recuperados, após fechamento de 20 milhões nos meses anteriores. Las Vegas reabriu com cassinos lotados.

Segunda-feira, Madrid e Barcelona avançam na reabertura. Praias e encontros de até quinze pessoas serão liberados. Ginásios e restaurantes podem abrir com 40% da capacidade.

Na Itália, surge um novo movimento, o dos "coletes laranja". Fizeram protesto em Roma e diversas cidades dizendo que o "vírus não existe" e que foi inventado para controlar a população. Seu líder, Pappalardo, também é contra vacinas.

Alemanha lança pacote de 130 bilhões de euros. Chamam de "maior pacote de todos os tempos" para apoiar população na crise econômica pós-corona – envolve desde "bolsa família" até crédito a empresas.

Esse final de semana, chegaremos aos 400 mil mortos no mundo. O Brasil ultrapassa a Itália e agora é o terceiro com mais mortes.

7 DE JUNHO

DIA 89, 11 DIAS PARA O FIM DO DIÁRIO

A cada dia o país fica mais alucinado. Se o micropresidente pode fingir que mortos não existem, eu posso fingir que converso comigo mesmo. Com vocês, minha primeira – e última – entrevista com o autor desse diário.

Pergunta: *Boa tarde, como você se sente nesse domingo, 89 dias após o início do diário?*

Resposta: Pensei que seria curtinho, mas já parecem quase cinco voltas numa montanha-russa depois de quatro caipirinhas e doze cambalhotas.

Era pra ser só o diário de uma pandemia, né?

Que belo país teríamos se fosse só isso, não?

Qual a manchete mais peculiar de hoje?

"Após roda de chimarrão, grupo é contaminado com o novo coronavírus, diz prefeitura".[143]

Existem coisas mais graves...

Trump deixou de seguir Bolsoussauro no Twitter. Na sexta, também falou mal da política brasileira, dizendo que "se tivéssemos feito como Brasil, teríamos mais um milhão de mortos".[144]

Ah, o presidente foi abandonado pelos amigos?

Micropresidente.

Perdão. O Micropresidente foi abandonado pelos amigos nesse final de semana?

Sim. Até pelo Olavo.

Que Olavo?

O astrólogo terraplanista e guru do nanopresidente que mora nos EUA.

Ah, sei... Grandes credenciais... O que houve?

A raiva do terraplanista parece vir do movimento Sleeping Giants, que na sexta escolheu seu portal de *fake news* como o terceiro alvo. Estão alertando as empresas que anunciam por lá, e que logo vão parar: Renner, Unimed, PUC-SP, Acer e Polishop entre outras.

Esse astrólogo foi ao menos educado no vídeo que divulgou ontem?

Super. Nas palavras dele: "Você [Bolsonaro] não é meu amigo! Você se aproveitou! Enfia a condecoração no cu! Não quero mais saber! Você vê o crime e não faz nada. Isso é prevaricação! Continue covarde e eu derrubo essa merda de governo de generais covardes ou vendidos."[145]

Que baixaria! Agora os palavrões vão parar no livro!

Ele também xingou o dono da Havan, dizendo que Hang é um "empresário de merda" e que é "um palhaço que se veste de Zé Carioca".[146]

Chega! Vamos manter o nível.

É importante ficar registrado esse nível da discussão pública. O leitor de 2035 vai achar interessante.

Mas essa é a maior manchete do último dia?

Quem dera...

Tem mais?

A PF realizou grande operação ontem sobre compra superfaturada de respiradores pelo governador de Santa Catarina. Até o presidente da Câmara de uma cidade no RJ foi preso.

Superfaturamento de respiradores em plena pandemia? Essa deve ser a maior manchete desse final de semana mesmo, né?

Não.

Jura?

Ultrapassamos os 35 mil mortos e a pandemia atual já matou mais do que a Gripe Espanhola no Brasil. Acredita?

Mas 100 anos atrás a informação e o conhecimento científico eram muito mais difíceis! Como conseguimos chegar nessa tragédia?

E ainda tivemos dois meses vendo o tsunami chegar... Dava para termos nos preparado...

Exato, nem a internet e a comunicação nos ajudaram a evitar isso?

Só pioraram. Mas agora o governo achou um jeito de reduzir os mortos.

Opa! Parou de demitir ministros da Saúde?

Não. Mudou a metodologia de contagem de mortes. Marina Silva deu o nome certo ao boi, agora temos "pedaladas pandêmicas".

O micropresidente já tinha mostrado essa tendência ao explicar o PIBinho em fevereiro, né?

Sim. Lá também inventaram um tal de "PIB Privado". Não imaginávamos que aquela mentirinha fosse parecer tão irrelevante alguns meses depois...

Então, como dizem, o "governo quebrou o termômetro para curar a febre"?

Exato. E entramos na lista de países cujos números são mentirosos, junto com Coreia do Norte e Venezuela, que aliás, continua com apenas vinte mortes, olha que beleza.

Ficamos só um dia sem diário e aconteceu tudo isso? Foi a notícia mais triste do final de semana, né?

Sim e não. Tem outra.

Outra?

Vai tudo piorar. Reabertura será ampliada no Rio de Janeiro a partir de amanhã: shoppings, bares, igrejas, futebol, basicamente tudo volta a funcionar com 50% da capacidade.

Mas então no Rio de Janeiro a curva estabilizou?

Não. Só vai piorar. Com esses absurdos e esse micropresidente, teremos 5 mil mortes por dia em agosto no Brasil.

Agora você exagerou, hein?

É o que diz o modelo estatístico usado pela Casa Branca para administrar a situação por lá.

Que tragédia... E ninguém tem como fazer nada contra esse protoditador que esconde mortos pra fingir que tudo bem?

Hoje teve protestos pelo país. Também teve um debate com as maiores lideranças democráticas: Marina, Ciro e FHC. Estão todos de acordo que é preciso se unir e deixar para brigar depois.

Que bom! Então teremos impeachment?

Difícil. É o desejo de todos, mas ainda parece inviável enquanto 30% for gado bolsominion. Acreditam que só acontecerá mesmo com o luto geral que virá entre julho e agosto. Só assim, alguns radicais acordarão.

O diário está terminando... Qual seu desejo para as próximas duas semanas?

Que essa micropresidência alucinatória termine antes desse extenso diário.

Mas ali falaram que só para julho e agosto que tem alguma chance de impeach...

Deixa-me sonhar.

8 DE JUNHO

DIA 90, 10 DIAS PARA O FIM DO DIÁRIO

Décima semana em total isolamento.

Como o interino passou a esconder os números, secretários estaduais, *Globo*, *Estadão*, *Folha* e outros – inclusive técnicos da ex-equipe do Mandetta – se uniram para organizar a contagem oficial.

País da piada pronta: segundo jornal *Valor Econômico*, foi o bilionário Hang, investigado no processo de *fake news*, quem sugeriu ao governo mudar a contagem de mortos.

Outro bilionário seguidor do micropresidente, Carlos Wizard, desistiu de apoiar como conselheiro na Saúde – três dias após aceitar a indicação. Não sendo médico, sua solução também passava pela ideia de recontar os casos de coronavírus.

Justiça suspende a reabertura insana no Rio de Janeiro, alegando que os números seguem subindo e nem prefeito nem governador tinham justificativas técnicas.

Economia da pandemia americana:

- Nos EUA, 10% dos empregos recuperados no último mês foram em consultórios de dentistas;[147]
- National Association of Securities Dealers Automated Quotations (Nasdaq) já sobe 44% desde o ponto mais baixo e ultrapassa pico do mundo pré-coronavírus;
- Médico cria *drive-thru* de botox em Miami.[148]

Estudo da Imperial College estima que o *lockdown* salvou em torno de 3 milhões de vidas em onze países da Europa.

As manifestações antirracistas continuaram se espalhando pelo mundo no final de semana. Nos EUA, foram as maiores desde que iniciaram há quase duas semanas. Policial assassino teve fiança estipulada em US$ 1,2 milhões. Não pagou e continua preso. Ruas foram renomeadas em Washington em homenagem ao movimento Black Live Matters.

NFL reconhece que errou ao censurar os protestos pacíficos do jogador Kaepernick anos atrás – e que, com a repressão que sofreu, até de Trump, teve a carreira destruída.

Em Bristol, na Inglaterra, manifestantes derrubaram a estátua de um mercador de escravos e a atiraram no rio.

Deixei passar, mas grandes protestos aconteceram em Hong Kong durante a semana passada contra o governo chinês. O governo inglês inclusive ofereceu visto para quase 3 milhões de pessoas fugirem de lá – o que dá 50% da população.

Economia da pandemia brasileira:

- Empresas de limpeza veem faturamento subir 50% em relação ao mesmo período do ano passado;[149]
- Vendas de vinho nacionais subiram 40% e consumo, 20%;[150]
- Sem festas juninas à vista, vendas de milho caem 80% na Bahia;[151]
- Bolsa tem sétima alta seguida;[152]

Mundo chega a 7,2 milhões de casos e 408 mil mortes. Os EUA superam 113 mil.

Brasil chega a 37,3 mil mortes nas contas "oficiais" do consórcio de imprensa, que coleta direto das secretarias estaduais. Esse é o número que a Organização Mundial da Saúde (OMS) e outros órgãos internacionais levarão a sério a partir de hoje.

Nova Zelândia anuncia que zerou o número de casos ativos de coronavírus.

E nós aqui já estamos há 24 dias sem ministro da Saúde.

9 DE JUNHO

DIA 91, 9 DIAS PARA O FIM DO DIÁRIO

Final de semana foi intenso nos filmes do festival de cinema We Are One. Assisti do mundo inteiro e dei uma volta por Japão, Angola, Iraque, Suécia, França, Uganda – foi o melhor –, Austrália, Macau, EUA e Rússia entre outros.

Filmes de ficção nos trazem o sentimento de que aquele é o mundo real e nós que estamos vivendo o maior drama. Mas os documentários mostram que o mundo real já era bastante trágico.

Os *Top 3* nesse quesito:

1. Conversas comuns do dia a dia sobrepostas a uma cidade iraquiana devastada pela Islamic State of Iraq and Syria (ISIS);
2. imigrante angolano tenta fugir escondido no trem de pouso de avião. Quando avião vai pousar no aeroporto de Londres, obviamente, ele cai;
3. rotina de um dia comum na vida de um indiano que trabalha em uma loja de tecidos. Até que, no final, ele é espancado e assassinado por radicais antimuçulmanos que gritam "Índia acima de tudo".

Esse terceiro é ficção, mas traz um contexto que era bem presente em dezembro. Quase 30 pessoas já tinham morrido em manifestações contra uma lei que discriminava muçulmanos no final de 2019. Ninguém mais lembra.

Quase ninguém mais lembra, mas militares também esconderam epidemia de meningite em 1974: "sob o pretexto de não causar pânico na população, a censura proibiu toda e qualquer reportagem que julgasse 'alarmista' ou 'tendenciosa', sobre a moléstia".[153]

Muito parecido com agora, né? Nunca saberemos o número real de mortos em 74, mas parece que só em São Paulo foram mais de 40 mil contaminados.

Um escritor alemão, Novalis, diz que o maior mágico seria aquele que fizesse uma tão boa que nem ele mais descobrisse quem fez. Nosso presidente incentivou um caos e mortandade tão grande que nem ele parece mais saber que foi ele que começou. No domingo, tentou se eximir da culpa de não ter feito *lockdown*. Postou que "o STF decidiu" que as ações de quarentena eram "total responsabilidade dos Governadores e dos Prefeitos".[154]

A gente registrou dia a dia essa história aqui, né? A quem ele acha que engana? Também disse que "o Presidente da República alocou centenas de bilhões de reais"[155] para combater a pandemia e evitar o desemprego. Quando é erro, a culpa é da equipe ou de conspirações. Quando é acerto, quer para ele, na pessoa física. Lembrando que ele não criou o auxílio emergencial. Ele era contra. Dizia que não precisava e que bastava reabrir a economia. Depois, defendia que devia ser só de R$ 200.

Enfim, hoje, o ministro da Economia confirmou que prorrogará mais dois meses o auxílio.

Perspectivas pioram. Banco Mundial prevê queda de 8% do PIB brasileiro e de 5,2% do PIB mundial.

Gostaria muito de estar em um futuro alternativo, em que o pseudopresidente tivesse se tornado um estadista e combatido a pandemia, evitando metade das 40 mil mortes que não se preocupou em salvar. Eu continuaria crítico da gestão – e da pessoa que ele é –, mas ao menos não colocaria na conta as mortes que ele incentivou.

O protopresidente só falava de reabrir a economia desde o início. Parecia disco riscado em março. Em abril. Em maio… Era cloroquina e reabrir economia o tempo inteiro… Mas mesmo antes do coronavírus nem se preocupava tanto com o PIB. Lembrem-se que ele já vinha atrasando a reforma administrativa e se estranhando com Guedes e seu PIBinho de 1,1%.

Esse diário acabou relatando a história do nanopresidente que acreditava em terra plana e PIB privado, mas negava a existência do maior vírus que atacou o mundo em cem anos. E agora quer reescrever a história, como se não tivéssemos tudo registrado aqui. Nada surpreendente, dado que vem de alguém que nega a ditadura e homenageia torturador, né?

Não dá para reescrever. Ele é hoje ridicularizado na imprensa internacional e até o Tribunal de Haia agora analisa o crime contra a humanidade que cometeu.

Esse diário também acabou relatando a disputa pelo pior presidente na pandemia. O nosso ficou mundialmente conhecido por ser pior que Trump – plaquinha de "nós já sabíamos". ¯_(ツ)_/¯

Nos EUA, pesquisas eleitorais indicam que Trump terá dificuldade de se reeleger. Motivos: seus erros contra o coronavírus, que chamava de gripezinha, e agora também contra as manifestações antirracistas. Nem membros de seu próprio partido aprovaram o uso da força militar nos protestos.

Aguardemos que o segundo semestre derrube esses dois ícones autoritários de ignorância e negacionismo científico.

Reescreveremos a história da maneira correta e democrática: Lá, pelas eleições. Aqui, pelo #impeachment.

10 DE JUNHO

DIA 92, 8 DIAS PARA O FIM DO DIÁRIO

A beleza da separação democrática dos poderes: a Justiça julgou inconstitucional a ocultação de informações do governo e o obrigou a divulgar os dados completos – mas o governo ainda finge problemas no site.

O estado de São Paulo bate novo recorde em 24h, com 340 mortes.

A reabertura aqui se divide em cinco faixas. Só duas regiões ficarão na primeira faixa, mais restritiva a partir de segunda que vem. Algumas já estavam na terceira faixa e viram a situação piorar – como Bauru – e voltarão para a segunda. Santos e litoral passam da primeira para a segunda. Na capital, segunda faixa, reabertura é por 4h, limitado a 20% da lotação. Reportagens mostram comércio abrindo com movimento no centro, no Brás e na Lapa.

Aqui no condomínio, síndico também já flexibilizou e reabriu a quadra – mas tem que agendar horário, uma família por vez.

No Pará, governador é alvo de operação da PF e, junto com outros sete investigados, tem R$ 25 milhões bloqueados. Há suspeita de superfaturamento de 80% em contrato de respiradores que chegou a R$ 50 milhões.

No Rio, assembleia abre *impeachment* do governador.

Por lá também, homem com faca invade a Globo e faz uma repórter refém. Queria falar com Renata Vasconcellos, a apresentadora do *Jornal Nacional*. Assim que ela apareceu, ele se entregou.

Governo do Quebec concede crédito de R$ 1 bilhão para tentar salvar o Cirque du Soleil da falência. Já haviam também recebido R$ 250 milhões de acionistas. Mas isso não é suficiente nem para reembolsar os ingressos de espetáculos cancelados. Possuem hoje uma dívida de quase R$ 5 bilhões e já demitiram – temporariamente – 95% dos funcionários.

No Brasil, o setor cultural, que envolve 5 milhões de pessoas, também quebrou. A Câmara aprovou uma ajuda de R$ 3 bilhões, que inclui apoio na manutenção de espaços culturais, prêmios e editais, além de auxílio de R$ 600 a trabalhadores do setor. Ainda falta aprovação no Senado.

Atos antirracistas continuam. Londres anunciou que vai remover todas as suas estátuas que homenageiam traficantes de escravos. Na Bélgica, uma estátua do rei Leopoldo II, também associado ao tráfico, foi vandalizada e cidade vai removê-la para guardar em museu.

Mesmo depois de todo o caos da pandemia, o movimento antivacina continua forte no mundo. Sabiam que a cada quatro franceses, um não tomaria a vacina se ela já estivesse disponível?

Do *El País*:

> [...] segundo um estudo publicado na revista The Lancet, 26% dos franceses não tomariam a vacina se ela já estivesse disponível. No Reino Unido, 12% não se vacinariam e mais de 18% tentariam que familiares ou amigos não se imunizassem, segundo um trabalho da Universidade de Cambridge. Uma quarta parte da população norte-americana tampouco tem interesse em se vacinar contra a covid-19, segundo a Reuters, uma rejeição que alcança 34% entre os eleitores republicanos, segundo o levantamento do Instituto Pew.[156]

Há pouco tempo, também divulgaram um número de terraplanistas nos EUA. Acho que chegava a quase 20% da população... Seriam o mesmo grupo?

Por aqui, depois de queimar duas panelas, finalmente compramos um jogo novo. O antigo, além de queimado, já estava amassado das vezes que batemos nos discursos bolsolnauristas. Vamos mantê-lo pra essa função – o antigo jogo de panelas, não o presidente.

Na quarentena, meus pais também acabaram queimando – no bom sentido – os neurônios e parecem super empolgados com um novo projeto. Até um diário privado pra família minha mãe começou. Incluiu fotos e vídeos para acompanharmos. Nem precisa de memes, já está muito legal. Estão quase com 70 anos, nunca é tarde pra começar algo novo!

11 DE JUNHO

DIA 93, 7 DIAS PARA O FIM DO DIÁRIO

Fico muito feliz com os pedidos para continuar, pessoal, mas o objetivo era registrar essa experiência louca do mundo parando dia a dia, não entrar pro *Guinness*.

Agora o mundo está reabrindo e nós continuamos piorando um tsunami que podia ser evitado. *O tema impeachment, que salvaria a lavoura, esfriou de novo. Ninguém sabe o que fazer com o presidente e ele não sabe o que fazer com a presidência.*

Agora, no meio da pandemia, ainda incentivando a reabertura sem controle, resolveu recriar Ministério das Comunicações e deu para o genro do Silvio Santos. Pra melhorar a comunicação, bastava sair do Twitter, né?

O diário tem mais uma semana. Provavelmente o tempo necessário para alcançarmos mais 10 mil mortes. Falando assim, fica banal, né?

Sempre ficamos horrorizados com nossa guerra civil com 50 mil assassinatos por ano. Agora, o coronavírus vai matar 20% disso em uma semana... E o presidente que não visita UTIs resolve criar um ministério de comunicações...

A banalização dos grandes números: o que são 10 mil mortes em uma semana? Parece que muita gente depois de três meses trancafiada resolveu jogar a toalha. As ruas estão cheias.

Os EUA chegam a 2 milhões de infectados. Rússia a 500 mil. Brasil, no meio dos 2, ultrapassa os 800 mil. Desse trio de países, só são confiáveis os números do primeiro.

Manchete: "New York Times diz que há ameaça de 'golpe militar' no Brasil para manter Bolsonaro no poder".[157]

Também fomos capa de *Financial Times*, *Bloomberg* e *Washington Post* na última semana.

Os EUA já tinham proibido a entrada de brasileiros. Agora, União Europeia também anuncia que, quando reabrirem voos internacionais em julho, também estamos fora. A Finlândia anunciou que vai reabrir para países vizinhos, mas não para a Suécia. Os suecos são os brasileiros da Europa hoje.

Lufthansa anuncia demissão de 22 mil funcionários (20% do total).

OMS indica que coronavírus está acelerando na África.

Pra terminar com notícias positivas:

- Tailândia tem o primeiro dia sem mortes em três semanas;[158]
- Papa avisa que está rezando pelo Brasil;[159]
- Governo de São Paulo anuncia que avança em testes com Instituto Butantã e, em parceria com a China, deve ter vacina disponível daqui a um ano.[160]

Para quem sobreviver até lá e não for dos movimentos terraplanistas ou antivacinas, é uma boa notícia.

12 DE JUNHO

DIA 94, 6 DIAS PARA O FIM DO DIÁRIO

Lembram que o micropresidente não foi visto uma única vez visitando UTIs? Pois bem, ontem ele foi capaz de afirmar que *"posso estar equivocado, mas ninguém perdeu a vida por falta de respirador ou leito de UTI"*.[161]

Nem precisamos de dados, essa alucinação dele não merece o esforço. Então basta Millor para desmontá-lo: "jamais diga uma mentira que não possa provar."

Na Índia, como aqui, estão reabrindo sem chegar ao pico. Lá, venceram o desafio de fazer quarentena com 1,3 bilhão de pessoas e possuem menos de 9 mil mortos. Mas o número de casos vem aumentando bastante. É o país mais crítico junto com Brasil, EUA e Rússia no momento.

Prefeitura de São Paulo compra doze contêineres para armazenar ossadas e liberar vagas nos cemitérios.

Com aumento no número de casos, Minas Gerais adia reabertura em mais de 100 cidades, incluindo a capital.

Caso absurdo de racismo que aconteceu essa semana. Da *Folha*:

> "Vai, negão, deita no chão". "Que polícia que nada, seu filho da p***". Essas foram as ordens que o policial civil negro W.V.S., 39, teria recebido de um policial militar em frente à delegacia que trabalha, no centro de São Paulo, enquanto conduzia três suspeitos para a DP.[162]

Voltando ao coronavírus...

Há algumas semanas, uma foto viralizou de um menino de quatorze anos estudando para o Enem em um banco de praça em Goiás. Ele fazia isso todo dia para poder usar o Wi-Fi de um açougue – que concordava em ceder. Uma vaquinha foi feita para ele e arrecadou R$ 84 mil.

Zoom, Meets, Teams, Webex estão na corrida por inovações nas videoconferências. Depois de fundos dinâmicos e filtros, agora estão evoluindo para filtrar barulhos de teclado, mastigação, *pets* e crianças.

Copo meio cheio? Das 136 vacinas em estudo no mundo, 10 já avançaram para testes em humanos.

Ou copo meio vazio? Das 136 vacinas em estudo no mundo, apenas 10 já avançaram para testes em humanos.

Manchetes de Dia dos Namorados em pandemia:

- "12 de junho: em vídeo, casais separados pelo isolamento leem cartas de amor";[163]
- "Festas online: veja um guia de como paquerar durante a quarentena";[164]
- "FAÇA O QUIZ E SE DIVIRTA. Vai passar o Dia dos Namorados sozinho? Veja opções de filmes".[165]

Aqui, passaremos o primeiro Dia dos Namorados em isolamento. A Ana aconselha e "pré-edita" todos os *posts*, mas não gosta de aparecer no diário, por isso quase não aparece. Mas foi a melhor companhia possível para passar esses 100 dias de quarentena. O que não era surpresa, já que também foi a melhor companhia possível para passar todos os 5.280 dias que estamos juntos.

Esses cem dias de quarentena parecem ter a intensidade de mil dias do "mundo normal". Passamos no teste de *coworking* e *coliving* e *coloving* e *codreaming*. Que venham mais 5.280 dias!

Obs.: sei que tem gente fazendo conta, mas o número foi meio arredondado. Basicamente, em quatro meses, completamos quinze anos juntos.

14 DE JUNHO

DIA 96, 4 DIAS PARA O FIM DO DIÁRIO

Brasil ultrapassa Reino Unido e é o segundo no mundo em número de mortes.

São mais de 42 mil. EUA chegam a quase 115 mil.

Acampamento dos manifestantes nazi-KKK em frente ao STF é desmontado pela PM. E eles, que pediam autoritarismo, reclamam do autoritarismo. Ontem à noite, atiraram fogos em direção ao STF.

Na sexta, após o STF deixar clara a função das forças armadas, BolsoNero soltou nota dizendo que entende diferente e que elas podem usar a força para tomar o poder, se ele quiser.

O relator do *coronavoucher* – Marcelo Aro, do PP – desmente Bolnossauro que queria pra si a paternidade do auxílio financeiro que nunca se preocupou em dar:

> Presidente, isso não é verdade. Vamos contar a história real? Fui relator do projeto. Seu governo foi contra o meu relatório desde o primeiro momento. Vocês não admitiam um valor acima de R$ 200. Construí junto com sua base de apoio do centro e a oposição um texto com um valor de R$ 500. Somente quando viram que o projeto seria aprovado, mesmo com os votos do governo contrários, seu governo sugeriu construir um acordo. Não foi estudo. Foi um telefonema. Nessa ligação, decidimos que o acordo, para o governo não ficar de fora, seria de R$ 600. Essa é a história verdadeira.[166]

Depois de mandar fanáticos invadirem hospitais para filmar leitos, o micropresidente tem seu pedido atendido no Rio de Janeiro: "Grupo chuta portas e derruba computadores em alas de pacientes com Covid-19 no Ronaldo Gazolla".[167]

E no Espírito Santos: "Deputados bolsonaristas invadem hospital público no Espírito Santo".[168]

E no Ceará: "Após fala de Bolsonaro, vereadores tentam invadir hospital em Fortaleza".[169]

Quando falamos que são gravíssimas as ligações e amizades dele com milicianos, os cargos que dá para milicianos, os votos que recebe de regiões dominadas por milicianos, é por notícias como essa a seguir. Além de poder ameaçar com militares, Bolsochavez possui uma força paramilitar. Fica essa notícia de sexta para, no futuro, entenderem antropologicamente, sociologicamente, psicologicamente, o modelo mental do micropresidente e seus amigos mais próximos no Rio de Janeiro.

Em plena pandemia: "MILÍCIAS EXPULSAM MORADORES DE CASA EM ITABORAÍ, MAGÉ E RIO E COLOCAM IMÓVEIS À VENDA".[170]

Alguns trechos da matéria do *Globo*:

> Em Itaboraí, moradores dizem que vivem uma crueldade sem limites imposta pelos criminosos. "Foram dezenas de moradores expulsos de suas casas e alguns dos seus comércios, por não terem dinheiro para pagar as taxas impostas pela milícia. Esses covardes acabaram com a minha vida e a vida da minha família", contou um morador.
> [...] Botam os moradores para correr, para ir embora. Ameaçam de morte: "vai matar a família toda". "E aí, as pessoas ficam com medo e acabam indo embora porque não tem outro meio, não tem nem a quem recorrer", reclama um morador de Magé.[171]

Importante deixar registrado o modelo mental do nosso governante. Ele veio desse mundo, e se criou com esses votos, e deu empregos a parentes e amizades desse tipo. E condecorou e comemorou mortes realizadas por esses grupos.

Nunca chegamos tão baixo. Comecei a seguir política a partir do FHC, depois Lula, Dilma, Temer. Diante do assombroso, o que parecia feio fica belo. Tínhamos escândalos, corrupção, brigas e pedidos de *impeachment* contra todos esses, mas nunca o medo imposto pelas armas. Nunca um ambiente de violência tóxica e desprezo com vidas.

Este é o último *post* em que cito essa aberração anarcofascista – se isso é possível – que não vai sair do cargo tão cedo. Amanhã, será outro dia. Esperemos ainda sermos Brasil, não Venezuela. A esperança é que leitores de 2030 e 2040 percebam o fundo do poço que o país chegou.

Por pior que sejam seus governantes aí no futuro, lembrem-se que tivemos BolsoChavez. Lembrem-se que ele poderia ter seguido a receita da maioria dos países. Sofreria críticas? Com certeza. Seria ridicularizado globalmente? Não. Teria mantido sua popularidade? Talvez até aumentado. Mas preferiu não seguir o caminho da razão. Não é assim que age um miliciano. Miliciano busca atalhos e se impõe pela força. Pela violência e pelas bravatas. Quer mudar o Estado com a própria pistola. Foi esse o show presidencial que tivemos durante a pandemia.

Repetindo. A receita era fácil e ele sairia mais forte. Endivide o país, mas tente salvar as pessoas hoje. Depois reveja os planos para o futuro. Quase o mundo todo fez isso.

Mas ele preferiu seguir seu próprio caminho quixote-cloroquinesco, e isso fez toda a diferença. Enquanto isso, na Itália, com a reabertura, Veneza já vê grandes filas em seus pontos turísticos.

15 DE JUNHO

DIA 97, 3 DIAS PARA O FIM DO DIÁRIO

Onze segundas-feiras em isolamento.

Nas primeiras semanas do diário, a ideia era que durasse só algumas semanas. Faltam apenas quinze dias para entregar declaração do IR. Quando postergaram lá atrás, parecia longe, né?

Com 20 mil pessoas no estádio, Nova Zelândia retoma campeonato de rúgbi como se vivessem no mundo pré-coronavírus.

Após três meses de paralisação, mas ainda com estádios vazios, campeonatos importantes de futebol recomeçaram neste final de semana – como o italiano e o espanhol.

Espanha antecipa em dez dias a abertura de fronteiras para países europeus e reabrirá já no próximo domingo. França também parte para a última etapa de reabertura essa semana, inclusive com todas as escolas abertas.

Pequim vê 50 novos casos – recorde em dois meses – e declara quarentena de quatorze dias para alguns bairros. Portugal também vê continuidade no aumento de casos e posterga medidas de reabertura.

Paciente de 70 anos que ficou 62 dias internado com coronavírus nos EUA recebe conta de US$ 1,1 milhão. Não vai precisar pagar – governo está subsidiando pandemia –, mas só a internação de 42 dias de UTI representa quase metade desse valor. Paciente declarou: "Eu sinto culpa de ter sobrevivido. Por que mereço tudo isso?"[172]

FED prevê queda de 6,5% do PIB americano esse ano, mas recuperação de 5% no ano que vem.

Paraguai completa 1 mês sem mortes no país.

Ministro da Saúde do Chile pede demissão após serem descobertas divergências na contagem de mortos.

Em Belém, 80 pessoas são presas por fazerem festa e desrespeitar o isolamento.

"Estratégia 'sueca' falha e Curitiba volta a fechar bares e parques para frear coronavírus".[173]

Casos de família #1:

Em Brasília, após a palhaçada contra o STF do final de semana, a bolsonarista Sara Winter é presa pela PF. Irmão parabeniza a polícia e chama a irmã de sociopata. Também a compara a Suzane von Richthofen e diz que é uma pessoa que não deve viver em sociedade.

Casos de família #2:

Heloísa de Carvalho, filha do astrólogo guru Olavo, participa do movimento #mulheresderrubambolsonaro. O manifesto já tem assinatura de 7 mil mulheres. Um trecho que resume: "Nas últimas eleições, gritamos que 'Ele, não!'. Agora, voltamos para avisar: 'Ele Cai!"[174]

Ministro da Educação recebe multa de R$ 2 mil em Brasília por andar sem máscara no domingo, item obrigatório.

Frases de sábios em quarentena:
- *"Tudo é muito simples na guerra, mas a mais simples das coisas é difícil"* – Carl von Clausewitz, em 1830, sobre o distante *impeachment* do nosso governo;

- "O esquecimento da exterminação faz parte da exterminação" – Baudrillard, sobre o holocausto e também nosso governo escondendo os números;
- "O que vemos, é terrível. Mas é muito pior o que não vemos. E não ver não nos torna inocentes" – Pedro Eiras, antes da divulgação do vídeo daquela famosa reunião ministerial.

16 DE JUNHO

DIA 98, 2 DIAS PARA O FIM DO DIÁRIO

Hoje, sem mortes nem política.

Apenas um balanço *light* destes 100 dias de apartamento na pandemia. Alguns números são obviamente estimados, mas com baixa margem de erro. Como foi o de vocês?

- Dias sem sair nem pro elevador: 87;
- Saídas para mercado, *pet* ou farmácia: 13;
- Saídas para outros motivos: 0;
- Panelas queimadas: 3;
- Panelas amassadas depois de bater na janela: 2;
- Horas cozinhando/preparando comida: 60;
- Total de vezes que achei que a panela de pressão explodiria: 2;
- Comidas mais frequentes: estrogonofe, feijoada, macarrão, pinhão;
- Uber Eats: apenas 1, no dia do hambúrguer;
- Comidas que dão mais saudade e não comi nestes 100 dias: sushi, churrasco, pizza – de verdade, não da congelada ;
- Horas lavando louça: 42;
- Horas trocando areia do gato: 8;
- Horas arrumando guarda-roupas: 0;
- Garrafas de vinho: 33;
- Caixas de cerveja: 7;
- Dias de exercício (HIIT de 7 minutos): 29;
- Quilos adquiridos: 6;
- Viagens canceladas: 2;

- Esperanças frustradas de ver o *impeachment* embalar: 5;
- Total de dias odiando o presidente: 100;
- *Circuit breakers*: 6;
- Memes colecionados pro diário: 383 ou mais;
- Xícaras de café: 299 ou mais ;
- Horas em videoconferência: 220h ou mais;
- Cursos em que me inscrevi e abandonei na segunda aula: 3;
- Cursos que tinha planejado fazer durante a pandemia, mas não fiz nem a primeira aula: 10;
- Cortes de cabelo em casa à máquina: 2;
- Dias que jogamos cartas: 1;
- Dias que estouramos plástico bolha: 1;
- Horas no videogame: 25;
- Jogos de futebol assistidos: 4, sendo que 3 deles foram *reprises*;
- Pores do sol acompanhados: 20;
- Pores do sol fotografados: 6;
- Zoom com família ou *happy hour* com amigos: 25;
- *Lives* assistidas: 8, a melhor foi One World: Together at Home;
- Doações realizadas: 5;
- Paredões do BBB vistos: 4;
- Filmes assistidos: 51, sendo que os melhores foram *Cafarnaum, Dunkirk, Crazy World*;
- Séries maratonadas: 12, sendo que as melhores foram *Ozark, Euphoria* e *Last Dance*;
- Livros escritos: 2;
- Livros lidos: 21, sendo que os melhores foram *Uma Viagem à Índia, Infiel, Antes do Baile Verde*;

- Próximo livro a iniciar: *Amor nos tempos do cólera.*

17 DE JUNHO

DIA 99, 1 DIA PARA O FIM DO DIÁRIO

Passamos de 46 mil mortes. Somos 10% do total de mortes do mundo, que chegou a 450 mil.

Os EUA continuam líderes, com 120 mil. Aliás, eles doaram 2 milhões de doses de cloroquina para nós essa semana. Aí o Food and Drug Administration (FDA) proibiu o uso do remédio por lá. Estão com outras 66 milhões de doses encalhadas, que provavelmente vão continuar doando pro nosso Maria Cloroquina aqui.

Para desviar da tragédia, o governo resolve processar um cartunista que associou BolsoNero ao nazismo. Entidades internacionais e outros cartunistas fazem campanha contra o atentado à liberdade de expressão, que nos remete à ditadura.

Falando em ditadura, a Venezuela é que agora anuncia que está com medo de virar o Brasil e manda carta para a ONU pedindo uma intervenção aqui no país, pelo menos pra forçar nosso micropresidente a ter responsabilidade com vidas humanas – e parar de ser ameaça aos países vizinhos.

Voltamos à banalidade das toneladas de mortes diárias. É importante relembrar histórias individuais. Reler aqueles relicários *on-line* nos trazem de volta a cada drama que as famílias estão vivendo. Muitos desses dramas eram evitáveis.

Isso num ano que começou com o receio da Terceira Guerra Mundial – lembram de Trump matando general iraniano?

Há exatamente sete anos, manifestações de milhares de pessoas invadiram Brasília. Há três dias, Sara Winter tentou invadir Brasília com outros cinco malucos armados e foi presa. O guru Olavo declara que ela é presa política.

Fundação Palmares remove biografias de Zumbi, Carolina de Jesus e outras lideranças negras de seu site. Tudo a pedido de Sérgio Camargo, que já demorou pra cair também.

Leiam *Quarto de despejo*, de Carolina de Jesus. É um dos livros brasileiros mais lidos de todos os tempos – vendeu mais que Jorge Amado em 1960, o mais popular da época. E vejam como esse Sérgio Camargo é absurdamente insano.

PS.: pra fechar positivo – na medida do possível –, com queda de mortes, prefeitura de Manaus anuncia fim dos enterros em valas comuns.

18 DE JUNHO

DIA 100, FIM DO DIÁRIO?

Não é só o diário que terá seu fim adiado.

O Oscar anunciou hoje que a cerimônia de 2021 será adiada por dois meses.

O futebol em São Paulo postergou quinze dias a volta aos treinos.

A Universidade de São Paulo (USP) adiou para 2021 a volta às aulas presenciais – outras universidades devem seguir.

Novos padrões do turismo no mundo: Camboja agora pede um "cheque caução" de US$ 3 mil para turistas, para pagar despesas médicas caso estejam trazendo coronavírus na bagagem.

Chile impõe toque de recolher e pena de cinco anos para quem descumprir quarentena.

Internada desde 4 de março, a primeira brasileira infectada do Distrito Federal, uma mulher de 52 anos, finalmente ganhou alta ontem.

Copom corta juros para 2,25%, a menor taxa da história. Se cortar mais um pouco, pode começar a emitir moeda.

Geralmente, quando o Bacen faz isso – como o FED está fazendo –, o dinheiro vai todo para empresas e bancos. O foco deveria ser um *quantitative easing tropical* direcionado às necessidades essenciais da população mais afetada pela crise.

Mas a grande notícia é que o centésimo dia desse diário amanheceu com a prisão de Queiroz.

A ironia #1: a pessoa-chave que mostra a corrupção da família presidencial, que foi eleita para livrar o país da corrupção do dono de um sítio de Atibaia, foi presa hoje em um sítio de Atibaia.

A ironia #2: Na parede da casa, tinha um cartaz do AI-5.

Queiroz sempre foi um dos melhores amigos do viscosidente. Estava escondido há um ano nessa casa do advogado do protasidente. O orangesidente sempre afirmou desconhecer o paradeiro desse grande amigo. Nem demonstrava saudades.

Falando em amigos, Digão e Rodolfo, dos Raimundos, fazem as pazes após dezenove anos.

Falando em amizade e AI-5, a tal da Sara Winter, parceirona dos autoritários, mentiu que tinha diploma universitário e agora será transferida para uma penitenciária comum onde diz ser jurada de morte. A ironia: antes contra os direitos humanos, agora clama por eles.

Memórias póstumas de Brás Cubas foi lançado há algumas semanas nos EUA e esgotou em um dia. Ontem, saiu uma resenha no *New York Times* elogiando muito o livro, chamando-o de obra prima – o que já sabíamos. Inclusive começa com: "Seria possível que o romance mais moderno, mais surpreendentemente de vanguarda, a aparecer esse ano foi originalmente lançado em 1881?"[175]

Voltando ao Queiroz, se ele surpreendentemente tiver um ataque cardíaco antes de contar tudo que sabe, precisaremos de um "Memórias Póstumas de Queiroz Cubas".

Voltando à pandemia, encontrei um título para o livro que este diário vai se transformar: *120 dias de Corona*.

A ideia é fazer uma homenagem a outro mestre da literatura com seu *120 dias de Sodoma* e que escandalizaria nosso protosidente, se ele lesse livros. E também, com isso, completar um bom bloco de cobertura da pandemia, arredondando quatro meses.

Com isso, como adiantei ontem, esse diário não termina hoje. Mas faz uma pausa de duas semanas pra descansar, e voltar para o bônus final de sete dias tendo experimentado viver a pandemia sem seguir muito o noticiário.

Nunca consumi tanta notícia nem dediquei tanto tempo disciplinado a um livro só. Escrever todo dia também trouxe uma espécie de terapia pra esse momento. Não sei o que é viver uma pandemia sem ter o diário. Agora, vou descobrir.

Outro ponto importante. Tenho uma vida repleta de privilégios. Foi "muito fácil" passar esses 100 dias. Meu trabalho permite *home office*, vivo em um local confortável, tenho ótimas companhias da Ana e do nosso gato, tenho saúde, acesso a entretenimento e cultura, não perdi nem parentes nem amigos próximos.

Enfim, foram doze semanas muito fáceis no que se refere à vida pessoal. Seria estupidez reclamar de qualquer coisa.

Mesmo com algumas pílulas de humor quando era possível, o diário sempre teve um tom triste. Isso porque a situação de ao menos 3 bilhões de pessoas no mundo é realmente trágica. E consumir notícias nesse período de pandemia é basicamente contemplar sofrimentos – com uns soluços de uma esperança aqui ou acolá. Em todos os pontos de vista – saúde, economia, violência doméstica, infraestrutura básica etc. –, há muita tragédia que precisará ser tratada.

Não sou historiador, mas sobre a história que contei aqui, Saramago nos lembra que é uma ficção:

> Os historiadores apresentam uma realidade cronológica, linear, lógica. Mas a verdade é que se trata de uma montagem, fundada sobre um ponto de vista. A História é escrita sob um prisma masculino. Se fosse feita pelas

mulheres seria diferente. Enfim, há uma História dos que têm voz e outra, não contada, dos que não a tem.[176]

No início da quarentena, com a economia global capotando e as bolsas despencando 40%, muito se refletiu sobre como o mundo precisa de outra dinâmica econômica e social. É insustentável depender do consumismo pra mover a economia, é insuficiente ter só um planeta para tanto consumo – ironia aqui – e são inadmissíveis a pobreza e as desigualdades existentes – entender desigualdades de maneira ampla: econômicas, de gênero, de etnias, de religiões...

Estamos entrando no olho do furacão, vamos levar um caldo desse tsunami por uns bons dois anos. Muita coisa vai precisar mudar.

Nessas próximas duas semanas, então, viro apenas leitor. Vou acompanhar o *Diário da peste*, do escritor Gonçalo M Tavares. É menos "documentário", mais poético. Segue um trecho bonito do último final de semana:

> A limpeza do espaço afugenta vírus malignos e dá uma luz temporária às coisas.
> Depois de um banho até qualquer humano vem com uma luz que não é totalmente sua.
> Uma luz emprestada da água.
> Vejo um virologista com ar muito feliz na televisão, mas sem som a felicidade fica muda. Perde metade da potência.
> A higiene do tempo é menos visível, mas mais forte e violenta.
> Limpam-se os tempos passados das suas impurezas, do pó e desse lixo que vem da bruta acumulação de erros e violência.
> Mas não se vê o tempo a brilhar depois de limpo e desinfectado.
> A História não funciona assim.[177]

Até o mês que vem!

ALGUNS TUÍTES E MEMES COMPARTILHADOS NO MÊS DE JUNHO:

- "*Morreu.*
- Como?
- *Não podia respirar.*
- Covid?
- *Racismo.*";
- "Sabe quando a gente tá estudando história e, antes de algum acontecimento muito grande, fica se perguntando como deixaram chegar naquele ponto? Então. É tipo agora.";

- "Aquele povo da cura gay não consegue nada pra Covid, não?"
- "Voltar ao normal é parar de morrer gente. Não é abrir shopping"
- "Só passei pra avisar que eu já era contra o Bolsonaro antes de virar tendência mundial!";
- "Frase motivacional do isolamento: 'Fique calmo, o primeiro ano da quarentena sempre é o mais difícil.';
- "Chegamos na metade de 2020! A última vez que vi um primeiro tempo tão ruim assim tava 5 x 0 pra Alemanha!";
- "Não é que a gente segurou a curva de contágio. A gente só normalizou a morte mesmo. Por isso estamos reabrindo.";
- "Ficar bêbada em casa e sair comentando o stories de todo mundo sem pretensão nenhuma é o puxar assunto na fila do banheiro de 2020.";

JULHO

2 DE JULHO

DIA 114

As duas semanas sem diário foram uma boa pausa. Como foi para vocês? Consumi menos notícias, avancei em leituras atrasadas, mas confesso que nos primeiros dias ainda tinha vontade de ficar colecionando "manchetes".

Paramos o diário no dia 18 de junho com 47 mil mortos. Hoje, quinze dias depois, chegamos nos 62 mil.

Foram mais meio milhão de casos diagnosticados nesse período.

A gente se perde nos números, mas são mais meio milhão – *meio milhão!* – de famílias que estão hoje tensas com a notícia de ter o vírus nesse país ainda sem nem ministro da Saúde – *sem nem ministro da Saúde*.

Quase um mês e meio *sem* ministro da Saúde na *maior pandemia* do século.

No *Roda Viva* desta segunda, Natália Pasternak, do Instituto Questão de Ciência, ao ser perguntada se pode haver um "repique" no contágio com as reaberturas que estamos vendo, trouxe: *"A gente não pode falar em segunda onda sem sair da primeira. O Brasil não tem uma onda, tem um tsunami."*[178]

Foram quinze dias de silêncio ensurdecedor de Bolnossauro. Encontraram o Queiroz e o presidente sumiu.

Tivemos também a saga do ex-ministro da Educação Weintraub, que só tinha ideologia no currículo e saiu fugido – provavelmente de maneira ilegal –, e do ex-futuro-novo que tinha diversas mentiras no currículo e pediu demissão antes mesmo de assumir.

Deu tempo também da primeira-dama "achar" um cachorro com coleira por aí, não se preocupar em encontrar o dono, criar um Instagram para o novo *pet* e o dono perceber o roubo e ir até o Palácio do Planalto resgatá-lo. Parece que a raça do cão, que custa R$ 7 mil, é indicada para cuidar de gado.

A Globo começou a reprisar *Explode Coração*. Quando essa novela estreou em 1995, o Brasil tinha acabado de ser tetra, o dólar valia menos que o real, Pelé era ministro dos esportes e tínhamos um presidente.

Saudades das manchetes de quarentena?

- "Prefeito de Itabuna (BA) fala em reabrir comércio 'morra quem morrer'";
- "Homem é preso em SP após colocar veneno de barata em máscara da ex-mulher";
- "Partículas do coronavírus são descobertas no esgoto de Florianópolis em 2019" – em novembro!;
- "Homem é detido após retirar corpo da avó de túmulo e dançar com cadáver em rua de Manaus".

E no resto do mundo? Casos ultrapassam os 10 milhões. As mortes chegam a 523 mil.

Trump, com 130 mil mortos nas costas, diz que dá pra controlar a pandemia se pararem de fazer testes.

Ah, pra fechar essa curta retomada, segue um trecho de outro diário – aquele que indiquei, do escritor português Gonçalo M. Tavares. Faz uma semana que ele chegou no dia 90 dele e se despediu:

> Estou exausto, fecho a janela e o diário.
> "Dizes-me que mais imortal que o cuidado e a cólera é a alegria", escreveu Hölderlin e este verso é suficiente para terminar o que quer que seja.
> Não vai apenas haver um depois disto, mas um grande depois.
> Um trágico, leve, pesado, terrível, efusivo, faminto, debochado, perverso, egoísta, incerto, tremido, assustador: um depois que será tudo isto e mais.[179]

3 DE JULHO

DIA 115

Depois de um ciclone bomba, o Sul do país congelou. Sensações térmicas de zero grau em todos os estados. Em São Joaquim, termômetros chegaram a 6°C negativos.

Porto Alegre e Curitiba estão com UTIs lotadas e planejando restringir mais a circulação. O frio está ajudando. E, semana que vem, há previsão de novo ciclone.

Eleições são adiadas para novembro.

Auxílio emergencial é estendido por mais dois meses.

Desemprego piora e vai a 13%. Pela primeira vez na história, tem mais gente desempregada do que empregada – entre a população economicamente ativa.

Shopping no interior de São Paulo abre para carros passearem nos corredores. *Drive-thru.*

Só hoje mais 1.300 brasileiros perderam a vida.

Presidente veta obrigatoriedade do uso de máscara em igrejas, comércios e escolas. Justificativas pra esse absurdo? Ninguém sabe ninguém viu.

Fórmula 1 volta nesse domingo, mas chefão avisa que provavelmente cancelará o GP no Brasil por risco de contaminação às equipes. Seria o primeiro cancelamento desde 1972.

Virou moda montar quebra-cabeças. Uma entrevistada no jornal relatou agora que já montou 50 de mil peças durante a pandemia. Faz três semanas que compramos um aqui, mas não chega nunca porque errei o endereço e agora se perdeu num limbo da distribuidora.

Os EUA batem recorde de casos em 24 horas. Miami vai voltar a restringir circulação. Nova York adia reabertura de restaurantes.

Fórmula 1 também deve ser cancelada por lá, segundo o chefão da federação de automobilismo. Trump e Bozo fazendo suas barbeiragens.

Europa já vê turismo retomar os destinos mais procurados.

Outros países com grande volume de mortes são México e Índia nesse momento – mas também menos da metade do Brasil.

Pra fechar com notícia boa, a Pfizer teve sucesso em teste de sua vacina e acredita que conseguirá produzir 1 bilhão de doses ainda esse ano. Só vão faltar outras 7 bilhões de doses, mas já dá para endereçar aos lugares mais críticos e com a situação descontrolada, como aqui e nos EUA, pra consertar as barbeiragens dos micropresidentes.

4 DE JULHO

DIA 116

Síndrome da Pequena Princesa.

A notícia de ontem, de que a vacina pode sair em velocidade recorde, me fez pensar em dedicar um *post* só para esta síndrome.

Ano passado, publiquei uma tradução modernizada do *Pequeno Príncipe* de Saint-Exupéry. No lugar de um aviador que cai no deserto, é uma astronauta que cai em Marte e encontra a Pequena Princesa.

Logo no início, tem a cena clássica. Em vez de desenhar um carneiro – como no clássico –, a Pequena Princesa pede para a astronauta desenhar um gatinho.

Após algumas tentativas frustradas que não agradam, a astronauta o desenha dentro de uma caixa fechada – só com furinhos pra respirar, óbvio, não é o gato de Schroedinger. Para o mundo infantil, o deslumbramento com essa "solução mágica" para a falta de habilidade da desenhista é genial. Ela nem questiona, pois entende que o gatinho está lá dentro.

O que isso tem a ver com vacinas? Tem a ver que somos adultos. Ou deveríamos ser.

Uma questão tão séria como salvar vidas não pode depender de "soluções mágicas" como a cloroquina, o desinfetante, a ivermectina, a homeopatia, as preces ou os chás de ervas – todos já indicados contra a Covid-19 nesses quatro meses de pandemia.

Esses recursos podem ser usados até em outros momentos, cada um tem sua crença e podemos respeitar. Mas quando é para salvar vidas, quando necessita de milhões em investimento público para fabricação em massa, é preciso seguir as etapas do método científico.

Então, o que é o método científico? Se a Pequena Princesa recebesse uma caixa de verdade – e não o desenho –, fechada, como ela se certificaria de que não foi enganada pela solução mágica de um adulto preguiçoso?

De maneira bem resumida:

1. Ela analisaria os dados: peso, tamanho, som, cheiro etc.;
2. faria perguntas e traçaria hipóteses, por exemplo: "se tiver um gatinho aqui, posso mexer delicadamente na caixa e ouvir se ele mia, ou desliza lá dentro";
3. testaria sua hipótese;
4. tiraria conclusões provando ou rejeitando a hipótese. Se o gato não miasse, poderia colocar uma comida no furo da caixa e esperar ele vir cheirar, por exemplo;
5. geraria novas hipóteses. Mesmo se o gato miasse, quem garante que não seja um robô ou uma caixa de som miando?;
6. testaria novamente e ficaria nesse *looping* até possuir as melhores informações possíveis para alguma conclusão;
7. então, concluiria que a probabilidade seria altíssima de ter um gato lá dentro – a ciência nem sempre traz respostas definitivas, mas ajuda com as probabilidades de acerto;
8. por fim, abriria a caixa e daria comida pro coitado do gato.

Por isso a ciência demora e exige grandes investimentos. É preciso conhecer o vírus, desenvolver hipóteses de como atacá-lo, testar com células *in vitro*, depois em pequenos grupos de humanos, e testar novamente doses diferentes, e inserir placebos, e aumentar os grupos de testes e outras tantas etapas até chegar à conclusão de alta probabilidade de a vacina funcionar.

O que terraplanistas como Trump e Bolsolssauro fazem? Cortam caminho, reduzem verbas de pesquisas científicas, chamam tudo de bobagem e, numa primeira ideia de solução mágica à vista, já apostam tudo nela e saem fabricando milhões de doses inúteis de cloroquina. E, se alguém discorda dessa estratégia absurda, citam conspirações obscuras de que a ciência seja contra seus (des)governos.

O mais normal é o contrário. Governos podem ser contra a ciência, como vemos nos EUA e no Brasil. Mas a ciência é só um método, não é contra nada. A ciência simplesmente é. Governos negacionistas, que também, antes da pandemia, chamavam aquecimento global de conspiração, devem perder força após esse trauma global.

Se Trump e Blonossoro fossem a Pequena Princesa, poderiam até fazer os testes com a caixa, mas sempre para provar que lá dentro tem um coelho. Mesmo se ouvissem miados ou ronronar, esbravejariam no Twitter que isso é coisa de comunistas, ou que seria uma grande conspiração para derrubá-los, ou que a Globo e a OMS teriam criado coelhos que miam para enganar a população.

A ciência é lenta porque precisa testar e provar hipóteses. E isso exige tempo e dinheiro – itens escassos no momento. Alguns políticos e médicos acreditam em cloroquina ou ivermectina sem nem testar, porque querem o caminho mais fácil e terraplanista. Trump tem eleições esse ano, Blaunossoro tem *impeachment*. Precisam de respostas rápidas para reabrir a economia, morra quem tiver de morrer para isso. E, se morrerem, e daí?

A ciência erra? Não. Nunca falha o método de observar, testar, repensar e concluir só quando a probabilidade de acerto for alta.

Os cientistas erram? Sim. Sempre. Cientistas são humanos. O erro pode vir de uma planilha, de um cálculo, de uma amostra, da falta de investimento para os testes, para os equipamentos, e até, sim, de crenças internas e interesses políticos ou de carreira. A solução pra reduzir os erros é justamente colocar mais gente no jogo. Formar mais cientistas, financiar mais universidades e pesquisas. Espalhar por todos os cantos do mundo essas pesquisas. Ter gente diferente formulando hipóteses diferentes para os mesmos problemas, e testando, e repensando hipóteses e revendo artigos publicados em outras revistas e replicando outros testes de outros cientistas para buscar falhas ou confirmar acertos. Quanto maior o número de cientistas e pesquisadores, menor a probabilidade de sermos reféns de populistas e pessoas mal intencionadas como temos visto nessa pandemia.

Até o início do ano, movimentos antivacina estavam em alta. Acredito que esse tipo de pensamento pseudocientífico vai perder muita força. Em vez de 25% da população, vai cair para menos de 10% na próxima década.

Espero que o leitor de 2030, por exemplo, esteja nesse momento balançando a cabeça positivamente, concordando feliz que deu tudo certo. Que o mundo tenha passado a valorizar a ciência.

Depois dessa pandemia da Covid-19, temos o aquecimento global para enfrentar – fora todas as doenças e falta de infraestrutura e alimentos nos países mais pobres. Que mais gente acorde e deixe a Síndrome da Pequena Princesa apenas para áreas em que ela seja inofensiva, como religiosidade, arte, filosofia e propósito de vida etc.

Quando essa Síndrome invadia áreas chave como saúde e tecnologia, vivíamos a idade das trevas. Só fomos salvos no Renascimento, justamente pela popularização do método científico.

Nesses 500 anos, zeramos diversas doenças, criamos tecnologias que salvam vidas, conectamos o mundo por satélites. Inclusive, mês passado, até fizemos um foguete "voltar de ré" e cair do Espaço estacionando sozinho e intacto num alvo no meio do mar. Temos ainda muitas caixas para abrir e descobrir fatos impressionantes nesse mundo usando o método científico.

Por que voltar à Idade Média e parar em dogmas ou respostas preguiçosas – soluções mágicas – de que tem um gato numa caixa? Ou de que tem um coelho na cartola.

Nas questões de vida e morte, não precisamos aceitar que o gato de Schroedinger está vivo e morto ao mesmo tempo. Temos as ferramentas para testar e abrir a caixa. E talvez salvar o gato. Ou enterrá-lo com dignidade se já for tarde demais.

5 DE JULHO

DIA 117

África do Sul reduziu restrições de movimentação. Também liberou o consumo de álcool – foram um dos poucos países a proibir para evitar outros tipos de tragédia lotando as UTIs. Mas ainda mantiveram a proibição da venda de cigarro. Os fumantes estão ficando malucos após três meses de "secura" e o mercado paralelo disparou.

Pubs de Londres reabriram ontem. Alguns com um esquema interessante. Os clientes só podem andar em uma direção. Vão bebendo e devagarinho avançando, até sair por outra porta e, se quiserem, recomeçar o circuito.

O Vietnã é parecido com o Brasil. Não é um país rico e possui uma população gigante – lá são 100 milhões. Mas o Vietnã está muito diferente do Brasil nessa pandemia. Salvaram essa semana um último paciente que ficou 68 dias em UTI. E, com isso, se mantiveram com *zero mortes* por coronavírus. Sim, *zero* mortes em um país com 100 milhões de pessoas e com alta densidade populacional.

Agora, voltando para os dois países patetas. Do *El País*:

> [Trump] insiste na mensagem de que o vírus "simplesmente desaparecerá" e evitou os pedidos de prudência ou de contenção na reabertura do país. "Acredito que vai dar certo, acho que em algum momento [o vírus] vai desaparecer, espero", disse ele na quarta-feira à Fox. Em duas semanas, os contágios aumentaram 90% nos EUA, chegando a 2,7 milhões."[180]

Lembram do método científico de ontem? O dele é simplesmente "torcer pra dar certo". Trump "acha" que em algum momento tudo vai ficar bem.

E nossa patetada daqui? A ministra Damares promoveu um concurso de máscaras e ganhou uma de gado. Blontossauro passou sábado fazendo festa e comemorando a independência norte-americana. Continuamos sem ministro da Saúde.

Da *Exame*: "*Sem titular há 50 dias, Saúde defende cloroquina e abandona isolamento*. Desde a saída de Mandetta, técnicos do SUS têm deixado o ministério. É a primeira vez desde 1953 que a pasta fica tanto tempo sem um titular."[181]

Passamos de 65 mil mortos, e amanhã teremos restaurantes e bares abertos.

6 DE JULHO

DIA 118

O Japão virou uma incógnita. Sem *lockdown* tão severo como vizinhos, continua com menos de mil mortes. Segundo o vice-primeiro-ministro, o " povo japonês tem um nível cultural superior."[182] Sim, claro, porque um país que proibiu a produção de pornografia infantil só em 1999 é bem superior mesmo.

Após alguns casos, e com medo de novos contágios em humanos, Holanda sacrifica milhares de martas infectadas com coronavírus. Marta é aquele bichinho gente boa que criam para fazer casaco de pele para gente má.

Austrália fecha fronteiras entre dois de seus estados mais populosos. É a primeira vez que isso ocorre desde a Gripe Espanhola. Foram mais de 100 casos identificados nas últimas 24h, o maior número desde o início da pandemia.

A Índia tem identificado uma média de 20 mil novos casos por dia. O país agora ultrapassou Rússia e é o terceiro com mais casos no mundo. O Chile chegou ao sexto lugar, ultrapassando a Itália. O governo chileno anunciou US$ 1,5 bilhões de ajuda econômica adicional à população. Itália volta a registrar novas mortes.

Maior estudo europeu, recém-publicado na *Lancet*, mostra que estratégia de imunidade de rebanho – defendida lá atrás por alguns malucos – parece ser péssima mesmo. Segundo os autores, o estudo conclui que "qualquer abordagem proposta para alcançar a imunidade do rebanho através de infecções naturais não é apenas altamente antiética, mas também inatingível."[183]

Como vimos nos bares do Leblon, os *pubs* ingleses também lotaram na reabertura. Um chefe de polícia, John Apter, disse que teve de lidar com aglomerações e " homens pelados, bêbados felizes, bêbados irritados e brigas" na primeira noite em Southampton. E tuitou: "Ficou claro que bêbados não conseguem, nem vão, respeitar o distanciamento social."[184]

Por aqui, a partir de hoje, bares e restaurantes reabrem por 6 horas diárias e limitados a 40% da ocupação. Teremos nossas aglomerações pandêmicas em São Paulo também.

Notícia boa: desde abril, Fiocruz e HC receberam doações recordes – quase R$ 300 milhões – de pessoas físicas e jurídicas. A ciência, em um governo negacionista, está sendo salva pelo capital privado.

Curiosidades econômicas: fermento e farinha tiveram aumento de 30% durante a pandemia. Está todo mundo fazendo mais bolo em casa. A Nestlé teve de contratar mais funcionários e aumentar expediente nas linhas de produção de sopas e de leite condensado também.

Notícia triste: ultrapassamos 66 mil mortos hoje e nosso nanopresidente retirou a obrigatoriedade do uso de máscaras em mais lugares. Detalhe: metade do país – 100 milhões de pessoas – vive em locais sem UTI disponível. Com o avanço do coronavírus para o interior, e sem preocupação com a prevenção "porque é só uma gripezinha", a taxa de mortalidade deve se elevar ao longo de julho.

Manchete do dia: "Padre chama Bolsonaro de 'bandido': 'Quem votou nele devia se confessar'."[185]

Deixei passar, mas é importante o registro: Ghislaine Maxwell, a viúva do bilionário Jeffrey Epstein, foi finalmente encontrada e presa na última quinta-feira. Ela e o marido operavam uma pirâmide de exploração sexual de menores. Serviam a outros bilionários até ano passado quando Epstein foi preso e, supostamente, se suicidou na prisão. Antes do – suposto – suicídio, moveu todo seu patrimônio – US$ 600 milhões! – para um paraíso fiscal.

Por que é importante, fora o absurdo do crime? – que nem era crime no Japão até pouco tempo, né? Porque o desenrolar do caso pode impactar na eleição de Trump, que era amigo de Epstein – assim como Clinton, o príncipe Andrew e outros famosos diversos.

Estou começando a desconfiar que a Netflix é meio mãe Dinah futuróloga. Um mês antes da explosão da pandemia de coronavírus, lançaram um documentário sobre a possível explosão de uma pandemia de coronavírus. No mês passado, lançaram um documentário muito bom sobre o caso Epstein. Há poucos dias, lançaram a última temporada de *Dark*.

Aguardemos viajantes do futuro vindo consertar nossas escolhas erradas...

7 DE JULHO

DIA 119

Após testar negativo para presidente por dezesseis meses, Blonossauro testa positivo para Covid-19.

O dia de hoje foi lotado de ironias e memes. Todas as palavras que ele falou sobre a "gripezinha" se voltaram contra ele. Também surgiram diversas teorias de conspiração.

Esse diário registrou o quanto ele escondia seus exames alguns meses atrás – o *Estadão* conseguiu na Justiça que ele fosse obrigado a mostrar. Ele reclamava de invasão de privacidade e até realizava exames com pseudônimo. Que voluntarismo de repente abrir o exame e fazer com o próprio nome, né? Que voluntarismo na primeira entrevista já dizer que está tomando cloroquina e que já está melhor, né?

Enfim, seja verdade ou mentira, que ele se recupere e que esse "susto" mude sua atuação na pandemia. Não dá tempo de salvar as milhares de vidas que perdemos com seus "e daí?" e suas "gripezinhas", mas poderia ajudar a achatar a curva que não para de subir.

O ano mais violento da nossa história foi 2017 com 65 mil homicídios. Em menos de três meses desde a primeira morte – em 17 de março –, a gripezinha dele já superou esse número.

O editorial do *Jornal Nacional* de duas semanas atrás, quando completávamos 50 mil mortos, já trazia o recado de que "a história vai registrar aqueles que se omitiram, os que foram negligentes, os que foram desrespeitosos."[186]

O presidente vai se recuperar. E precisa, sim, estar vivo para sofrer o *impeachment* e ser julgado por ter causado a maior tragédia que o país já viu.

Revendo o histórico – com ajuda do resumo sensacional do Jornalismo Art:[187]

- 17 de março (1 morte): ele brinca que vai fazer um churrasco de aniversário para mil pessoas;
- 20 de março (11 mortes): disse que "depois da facada, não vai ser uma gripezinha que vai me derrubar";

- 24 de março (46 mortes): "histórico de atleta";
- 28 de março (111 mortes): tenta fazer campanha na TV – "o Brasil não pode parar" – contra isolamento social. A Justiça o impede.
- 2 de abril (324 mortes): manchete do UOL é "Bolsonaro diz que governadores que pregam isolamento têm 'medinho' do vírus." Também avisa que tem um decreto pronto contra o isolamento social.
- 16 de abril (1.924 mortes): demite Mandetta, o ministro da Saúde, que não concordava em apoiá-lo na luta contra o isolamento;
- 19 de abril (2.462 mortes): Weintraub, ministro fugido da Educação, anuncia premiação para universidades que retomarem aulas. No dia, 20, seguinte, ao ser perguntado sobre o número de vítimas, presidente fala: "Eu não sou coveiro, tá certo?";
- 28 de abril (5.083 mortes): "E daí? Lamento. Quer que eu faça o quê? Sou Messias, mas não faço milagre.";
- 11 de maio (11.653 mortes): inclui academias e salões de beleza como serviços essenciais;
- 13 de maio (13.240 mortes): após dois meses enrolando e reclamando de invasão de privacidade, finalmente mostra seu exame, que teria dado negativo para Covid-19;
- 15 de maio (14.962 mortes): Teich, segundo ministro da Saúde, se demite por não concordar em forçar cloroquina como a salvação da lavoura;
- 25 de maio (23.473 mortes): Brasil vira líder em mortes diárias no mundo;
- 27 de maio (25.598 mortes): dos quase R$ 12 bilhões liberados para investir no combate à pandemia, presidente não tinha liberado nem 7%;
- 5 de junho (35.026 mortes): presidente dificulta acesso da imprensa aos números oficiais da pandemia;
- 11 de junho (40.919 mortes): veta projeto que proibiria festas em condomínios. Também incentiva apoiadores a invadirem hospitais;
- 19 de junho (48.954 mortes, país chega a 1 milhão de infectados): "No que depender de mim – mas o STF disse que são os governadores que fazem essa política – não teria o pessoal parado de trabalhar, não.";
- 21 de junho (50.591 mortes): não se manifesta sobre as mortes, mas seu filho solta nota de pesar contra a "volta do socialismo" na Argentina. Lá só tinham mil mortes nesse dia e olha que tive-

ram a primeira morte na mesma semana que nós. Mas o presidente argentino agiu e decretou quarentena lá, né?
- 2 de julho (62 mil mortes): país passa de 40 dias sem ministro da Saúde. Foram mais de 500 mil novos infectados em apenas quinze dias;
- 7 de julho: *ultrapassamos, hoje, as 66.666 mortes e os 1.666.666 infectados.* Um deles é nosso nanopresidente. Mesmo que seja mentira, como "oficialmente" ele está infectado, que fique quatorze dias em casa se recuperando e deixe alguém governar direito o país. E que fique próximo dos filhos. Com a família toda em quarentena, talvez tenhamos um rumo no combate à pandemia. Depois todos voltam para o show do *impeachment*. Enfim, como ouvi por aí: "Depois de um ano e meio, governo Bolsonaro apresentou seu primeiro resultado positivo".

8 DE JULHO

DIA 120

O mundo ultrapassa 12 milhões de casos e 550 mil mortes.

O *ranking* das 5 maiores tragédias ficou assim:

1. EUA: 135 mil mortes;
2. Brasil: 68 mil mortes;
3. Reino Unido: 44 mil morte;
4. Itália: 35 mil mortes;
5. México: 32 mil mortes.

Quatro destes são governados por presidentes negacionistas, que foram contra o isolamento e a ciência. Em aceleração de mortes estão Brasil, México e Índia. São os que mais devem piorar nos próximos meses.

Quando comecei, pensei que o diário fosse durar uns dois meses no máximo. O tempo foi passando e coloquei um limite psicológico de três meses. E depois estendi, mas agora chegamos mesmo ao fim do diário.

Tem um livro em que um personagem vai para um hospital de tuberculosos nos Alpes suíços e acaba nunca mais voltando. Acha que está doente e perde a noção do tempo. Chama a *Montanha mágica*, e foi publicado em 1924, poucos anos após a Gripe Espanhola. Deu o Nobel ao seu autor, Thomas Mann, e tem muito a ver com o que estamos passando.

Um dos principais temas do livro é essa maleabilidade do tempo que temos vivido na pandemia. Segue um trecho:

> *Que órgão possuímos para medir o tempo?*
> *[...] Quando um dia é como todos, todos são como um só.*
> *[...] E pode ser proveitoso prepararmos o leitor, em presença do mistério que constitui o tempo.*
> *Por enquanto basta que todos se lembrem da rapidez com que decorre uma "longa" série de dias para o doente que os passa acamado.*
> *É o mesmo dia que se repete uma e outra vez; mas, justamente por se tratar sempre do mesmo dia, parece no fundo pouco adequado o termo "repetição". Melhor seria falar de invariabilidade, de um presente parado ou de eternidade. Trazem-te a sopa à hora do almoço, assim como a trouxeram ontem e a trarão amanhã.*
> *[...] és invadido por uma espécie de vertigem, enquanto a sopa se aproxima de ti; os tempos confundem-se, misturam-se no teu espírito, e o que se te revela como verdadeira forma de existência é um presente sem extensão, no qual eternamente te trazem a sopa.*[188]

A pandemia aqui não passa e temos um presidente que insiste em mantê-la no presente, que nos prende nesse ciclo sem fim de isolamento. Sem ver a luz no fim do túnel, vivemos dias iguais em que eternamente comemos sopa. Nosso presente não vira passado, mas esse diário virou.

Agora é organizar tudo e transformar em livro para que esse passado fique bem registrado. E que o registro dessa tragédia sirva para jamais negarmos a ciência novamente.

Obrigado a todos que acompanharam e incentivaram. Vou incluir nos agradecimentos do livro o nome de todos que estiveram por aqui. O fôlego teria acabado muito antes sem vocês!

Hoje, sem meme, apenas a cena mais repetida nessa pandemia: o pôr do sol da janela. A luz no fim do túnel.

EPÍLOGOS E POSFÁCIO

EPÍLOGO 1

7 DE AGOSTO

DIA 150

Com mais um mês de pandemia, o mundo ultrapassou 19 milhões de casos e 720 mil mortes.

O *ranking* das 5 maiores tragédias está assim:

1. EUA: 164 mil mortes;
2. Brasil: 100 mil mortes;
3. México: 51 mil mortes;
4. Reino Unido: 43 mil mortes;
5. Índia: 43 mil mortes.

No caso do Brasil, provavelmente passamos já dos 140 mil mortos. Um boletim do Ministério da Saúde publicado semana passada mostra que, durante esses cinco meses, tivemos um total de 37 mil mortos por Síndrome Respiratória Aguda sem causa especificada.

Nessa mesma semana de agosto, mas 75 anos atrás, uma bomba atômica foi lançada em Hiroshima. O total de mortos lá ficou entre 90 e 160 mil. É bem onde estamos.

"Ah, mas que absurdo comparar esses dois crimes contra a humanidade. São coisas bem diferentes!" Será? Será que se os japoneses tivessem três meses para se preparar para a bomba – de dezembro a fevereiro –, e depois se ainda a viram caindo em câmera-lenta por mais três meses – de março a junho –, será que teriam negado mesmo a Lei da Gravidade? De que a bomba, lançada de cima, "cairia pra baixo"? Teriam falado que era uma bombinha de nada, para a população "enfrentar como homem", para todos saírem às ruas e "salvar a economia"?

O número de mortos é muito próximo ao da bomba. A diferença é que um dos países tinha possibilidade e tempo de reagir, ou ao menos tentar.

Fiquei um mês sem escrever esse diário. Alguns fatos desse período:

- Blossomauro sumiu o mês inteiro após se tratar da Covid. Mas fez vídeo quase publicitário tomando cloroquina, ofereceu o remédio a uma ema e foi bicado. Depois de curado, fez algumas viagens eleitoreiras de Norte a Sul. Preocupação com a pandemia? Zero;
- foi divulgado que na metade de maio ele quase deu ordem para fechar o STF e instalar uma ditadura. A *Piauí* descreveu inclusive que, em uma reunião, ele teria falado duas vezes "vou intervir";[189]
- fatos políticos se desviaram para possível reforma tributária, extensão do auxílio até final do ano, e um depoimento do seu filho, Flávio, assumindo que Queiroz pagou algumas de suas contas etc. e tal;
- o prefeito Itajaí viralizou ao defender o uso de ozônio no reto para tratamento de coronavírus. Ontem, foi recebido pelo ministro da Saúde interino, Pazuello;
- sim, continuamos sem ministro da Saúde;
- nos EUA, Twitter cancelou a conta de campanha de Trump por espalhar *fake news* de que crianças não propagariam coronavírus. Trump também encrencou com o aplicativo chinês super popular TikTok, o novo Instagram, e falou que vai proibir nos EUA;
- explosão cinematográfica no porto de Beirute dominou os noticiários essa semana. Destruiu o centro da cidade matando uma centena, ferindo milhares e desabrigando centenas de milhares;
- corrida por vacinas continua, mas com expectativas só para 2021. Apenas a Rússia anuncia vacinação em massa já em outubro e ninguém entende como é possível;
- campeonatos de futebol recomeçaram. Os bares em São Paulo também. As aulas, ainda não – foram postergadas para outubro.

Fiquei um mês experimentando a quarentena sem acompanhar as notícias com tanta disciplina. Elas se diluíram na rotina de cozinhar, arrumar a casa, cuidar do gato, trabalhar por vídeo, sair apenas uma vez por semana para fazer compras e montar quebra-cabeças.

Nesses trinta dias, montei um quebra-cabeças de 1000 peças e outro de 1500. Também aproveitei para reler todos os primeiros 120 dias do diário e revisar o arquivo em Word para buscar uma editora.

Percebi o quanto cada dia era uma peça que se encaixava na outra e não íamos entendendo a imagem da tragédia que se formava. Cada texto do diário era uma peça da tragédia. Mas quando você só olha pro dia, pra uma única peça, fica focado naquele pedaço de cores e linhas sem muito sentido e perde o todo.

Esses trinta dias, sem "montar" o quebra-cabeça do diário, senti que me afastei da imagem. Acho que tem muita gente com essa sensação. Não parece que está acontecendo se você não se dedica a enxergar a peça. Não parece que a bomba atômica continua caindo e dá até vontade de sair para passear, né?

Jairoshima Bombassauro não ligou pra gripezinha e deixou a catástrofe acontecer. Relendo o diário, pude relembrar todo o percurso do negacionismo científico do presidente, que podia ter evitado grande parte das mortes. Imagina se tivéssemos evitado metade das mortes? Era um estádio de futebol inteiro que poderia voltar para suas famílias depois do jogo.

A bomba de Hiroshima foi o maior ataque terrorista e crime de guerra da história. Até hoje os EUA nunca pediram desculpas pelo ato.

A pandemia no Brasil foi a maior tragédia que deixaram cair sobre o Brasil, quase um ataque terrorista ao próprio povo. E, provavelmente, o presidente nunca pedirá desculpas por seu ato.

A bomba de Hiroshima pesava quatro toneladas, tinha três metros e matou de modo bem certeiro uma cidade. O coronavírus não pesa nem mede nada, mas matou de maneira generalizada por todo um país.

Se grande parte dos brasileiros não inventasse seus mitos, não precisaríamos passar pelo trabalho de desconstruí-los. Muitos – incluindo este diário – tentaram fazer isso ao longo da pandemia, mas a popularidade de Jairoshima continua alta.

Reler o diário é rever cada peça do quebra-cabeça. A diferença é que, no quebra-cabeça, demorando ou não, mais dia menos dia, eu sabia que as 1000 peças iriam se encaixar.

Chegamos ao epílogo do livro, 150 dias após o início, e continuamos isolados em casa sem saber quando tudo vai terminar. Continuamos sem imaginar quantas peças faltam. E quantas vidas ainda farão falta para muita gente.

EPÍLOGO 2

15 DE OUTUBRO

DIA 220

E deu certo! Fico feliz em poder terminar o diário com uma visão mais otimista. Sete meses depois, São Paulo está há uma semana na chamada "fase verde" da reabertura, em que até cinemas foram liberados. Muitos estados também estão caminhando nesse sentido.

As mortes no Brasil continuam acima de 500 por dia, mas em queda constante há semanas. A taxa de contágio também se estabilizou abaixo de um.

A meta de achatar a curva para não esgotar o sistema de saúde foi cumprida em quase todas as cidades. Quem fez o isolamento garantiu que o país todo não enfrentasse a situação que ocorreu em Manaus e no Rio.

Até a economia voltou e o PIB deve cair menos do que se esperava – previsão agora em torno de -5%, ajudado pelo *coronavoucher*. E mesmo o Ronaldinho finalmente foi solto mês passado lá do Paraguai.

Agora é só começar a voltar ao dia a dia quase normal. Claro, continuando com precauções até a chegada da vacina.

***

Mas tem coisa dando errado...

Outra vacina parou os testes essa semana, a da J&J, por problemas na reação de um voluntário. Vacinas que eram prometidas para iniciar esse ano parece que só ano que vem.

Trump, que pegou Covid no final de setembro e quase se complicou, tomou coquetel de todos os remédios possíveis, menos cloroquina e precisou de oxigênio no hospital. Trump prometia já, para outubro, a vacina pra tentar desesperadamente ganhar votos.

A OMS prevê vacinação em massa mesmo só para 2022!

***

Sim, tem coisa dando muito errado...

Os EUA continuam sem queda nas mortes, em torno de 1000 por dia. Após um verão de festa e comemoração e aglomeração, a Europa entra no inverno com recordes de novos casos e retomando os *lockdowns*.

Manchetes dessa semana:

- "Em pânico, Europa se prepara para segunda onda de Covid-19";[190]
- "Alemanha limita festas e restringe bares";[191]
- "Itália tem maior número de casos em 24h desde início da pandemia";[192]
- "Portugal decreta estado de calamidade e aperta restrições";[193]
- "França restabelecerá estado de emergência a partir do dia 17".[194]

***

Mas tem coisa que vai dar certo!

Após sete meses de isolamento, as pessoas voltam aos poucos às reuniões presenciais de trabalho, aos encontros em pequenos grupos de amigos, aos parques e praias. Temos um verão pela frente, será um final de ano em família, vamos restabelecer as energias e a sanidade mental, porque... do Natal pra frente pode voltar a dar tudo muito errado.

E isso sem nem falar de economia: o governo está caminhando para um endividamento insustentável, não conseguirá continuar com auxílio emergencial, desemprego vai subir, direção oposta à popularidade do presidente, que agora está totalmente alinhado ao centrão para impedir qualquer nova chance de *impeachment* quando essa situação se confirmar.

Mas, como prometido, sem política ou economia... O que vemos na Europa deve se repetir aqui se a vacinação não acontecer no primeiro trimestre, e teremos de voltar ao isolamento. E continuamos sem ministro da Saúde nem comando no país.

Aliás, sem ministro do Meio Ambiente também: fomos foco mundial nesses últimos dois meses pelas queimadas recordes no Pantanal – 30% dele perdido só nesse ano.

Voltando à pandemia, já se veem festas lotadas com pessoas sem máscaras, aglomerações nas ruas, praias, até na abertura de uma loja da Havan no Pará foi um caos de gente amontoada.

Precisamos de muito cuidado nesses próximos meses. A Argentina, que fez muito bem o *lockdown*, viu as mortes subirem rapidamente em uma reabertura muito acelerada, passam de 25 mil mortos já – a população estava desgastada com a quarentena rígida mais longa do mundo.

Então, o consenso científico caminha para que todas as armas sejam usadas. *Lockdown* quando necessário – como fizemos em nosso inverno e a Europa está recomeçando agora –, mas reabertura aos poucos quando possível. E rastreamento, e isolamento de casos, e testes. A receita é essa mesma desde o início, foi como Coreia do Sul, Nova Zelândia e outros países tiveram sucesso.

Achatamos a curva, sim, mas todo cuidado é pouco. Outro dia, quatro amigas saudáveis fizeram um chá de bebê surpresa para a amiga com nove meses de gravidez. Uma estava contaminada – assintomática – e passou para as todas. A mãe não sobreviveu.

***

Alguns números: hoje, apenas 70 dias depois do último epílogo, o mundo já passou de 1,1 milhão de mortes, e o *ranking* de tragédias ficou:

1. EUA: 222 mil mortes;
2. Brasil: 152 mil mortes;
3. Índia: 112 mil mortes;
4. México: 85 mil mortes.

Ou seja, os quatro primeiros – 3 deles negacionistas – possuem metade das mortes totais da pandemia.

A palavra apocalipse vem do grego e significa "descobrir", "revelar". O que descobrimos com o apocalipse de 1 milhão de mortos em sete meses? O que estava escondido e foi revelado nesse período tão curto? Se fizermos um minuto de silêncio para cada um dos mortos, ficaremos mudos por 763 dias, mais de dois anos.

Talvez uma "revelação" seja de que falamos muito, achamos ter muitas certezas, espalhamos exageradamente *fake news*, discutimos muito sem ter razão. Talvez tenhamos descoberto que precisamos baixar mais a cabeça, estudar os temas, pesquisar, testar hipóteses, encontrar provas, seguir o método científico. Com certeza descobrimos que, se não queremos nos esforçar nesse sentido, precisamos confiar em quem pesquisa, nos milhões de cientistas e universidades sérias, e não em blogueiros, tuiteiros, colunistas e filósofos terraplanistas.

Quando a vacina chegar, ela terá sido pesquisada, elaborada, testada por esses cientistas. Não por quem esbraveja no megafone das redes sociais incentivando o FlaFlu.

Nesses últimos meses, reli algumas páginas de *Guerra e Paz*. Os russos menosprezaram a força de Napoleão, achavam que ele nunca iria invadir seu território. Mas, dia após dia, o tsunami Napoleão foi se aproximando, como sabíamos que o vírus chegaria.

Em uma das imagens mais fortes do livro, os personagens mais ricos observam Moscou em chamas a distância. Eles conseguiram fugir para o interior e se isolar até a chegada do inverno e o contragolpe. Os mais pobres, não.

Uma das grandes revelações desse apocalipse do coronavírus é de que não é possível continuar com uma desigualdade tão grande. Diversos governos têm discutido mais seriamente sobre renda básica ou uma rede de proteção maior.

O ponto positivo no livro *Guerra e Paz* é que Napoleão é coadjuvante na história. O livro é sobre como as vidas se modificam antes e depois desse tsunami. Após o contra-ataque dos russos, ela volta quase ao normal, apesar de todas as cicatrizes e perdas que a guerra trouxe. *Não existe novo normal. Existe o antigo normal com cicatrizes.* Um trecho genial do romance de Tolstói: "Quando a vida se desvia, imaginamos que tudo está perdido. E é, no entanto, ali que começa algo de novo, de bom. Enquanto houver vida, há alegria, há muita coisa ainda por vir."

Existem reencontros de amigos e familiares após a guerra. Existem jantares e piadas e sorrisos. Existe amor e perdão e companheirismo após a destruição. O romance de Tolstói ao menos nos promete isso, podemos trabalhar para reduzir o FlaFlu. Precisamos. Só assim para tirar do poder o negacionismo científico e o totalitarismo atual que corrói as maiores democracias.

Para ficar registrado no livro: metade das mortes nessa pandemia ocorreu em apenas três países, todos governados por negacionistas totalitários.

Que nosso futuro não repita nosso passado.

POSFÁCIO: 12 BREVES NOTAS SOBRE 120 DIAS

1. Escrevo este breve posfácio em Portugal, em outubro de 2020, e a pandemia de Covid-19 continua ativa no mundo. Nada terminou ao fim dos 120 dias do diário de Leandro Franz: estamos ainda, e estaremos – enquanto a ciência não desenvolver vacinas e curas –, inevitavelmente *dentro* da pandemia;
2. Eis uma frase redundante, porque, havendo uma pandemia ativa, nós estamos sempre *dentro*: a pandemia não pode ser vista de *fora*. Precisamente, a palavra diz que tudo – *pan* – fica sob a alçada da doença: aqueles que estão doentes, e aqueles que poderão vir a estar. Nem sequer é seguro que os sobreviventes do vírus ganhem imunidade: nesse sentido, também eles continuam sob a ameaça. A pandemia exige esta escala globalizada, esta vulnerabilidade omnipresente.

   Por isso não se pode escrever apenas *sobre* a pandemia, como um objeto observável a distância segura. Nenhum de nós pode saber, há meses, o que define uma distância segura: centímetros, metros, quilómetros?
3. Lei da pandemia: não há distância.
4. Escrever sobre 120 dias de pandemia, dentro deles, implica um ponto de vista local. As notícias da manhã podem revelar-se falsas no correr da tarde. As certezas revelam-se meros boatos. A futurologia mais convicta desfaz-se em vaga desilusão. É um ris-

co: quem está no tempo presente só pode escrever a partir do tempo presente.

Mas é também a condição do testemunho: saber apenas o que se sabe no instante, na data. Escrever o conhecimento ameaçado, ainda que seja preciso, mais tarde, corrigi-lo – e é sempre preciso corrigir. Mas aqui estão 120 dias, 120 datas, o ponto de vista arriscado e genuíno de quem pertence ao tempo, por dentro, por dentro.

5. Notícias que se revelam falsas.

- 14 de março: "Cuba parece ter a vacina, segundo diversos sites sem muita pesquisa. Estamos salvos.";
- 15 de março: "A vacina de Cuba era *fake*. Ainda não estamos salvos.";
- 16 de março: "De manhã, surgiu a notícia que Israel tinha desenvolvido a vacina. Estávamos salvos! À tarde, o governo israelense desmentiu."

E, pelo caminho, o verbo *salvar*. Salvar vidas; salvar a economia; salvar a lavoura; salvar as instituições; salvar restaurantes; o Cirque du Soleil; o gato. Salve-se quem puder. Não estará na altura de pensarmos o que quer dizer *salvar*, e o que queremos realmente *salvar*?

6. Há também o carácter intratável das próprias matérias tratadas. Porque Leandro Franz não descreve apenas uma calamidade natural, biológica, física – mas também o impressionante desfile de insânias em torno: negacionismos, ataques à ciência, propostas políticas criminosas, boatos, histerias, contradições etc.

E se ninguém tiver culpa da doença, muitos têm culpa da irresponsabilidade instalada.

7. Pandemia da irresponsabilidade instalada. Pandemia do crime.

8. Se ninguém tiver culpa da doença em si mesma, sabemos bem quem manipula a informação, quem se recusa a pensar estratégias de defesa, quem nega ou desvaloriza a pandemia, quem insulta aqueles e aquelas que tentam defender-se, quem – já perante os mais de cinco mil mortos no Brasil – respondia apenas "E daí? Lamento. Quer que eu faça o quê?".

9. Não é mesmo estar doente na China ou nos Estados Unidos. Em Itália ou no Brasil. Em Portugal ou na Venezuela. Na Índia ou na Suécia.

O vírus pode ser o mesmo, mas não é o mesmo estar doente numa clínica de topo ou numa favela.

Não é mesmo termos o governo do nosso lado ou termos o governo contra nós.

10. Não é mesmo lutar contra uma ameaça – ou contra duas, ao mesmo tempo.
11. Ainda sobre o carácter intratável das matérias: na sua *Poética*, Aristóteles considera que é melhor contar uma história irreal, mas verosímil, do que contar uma história verdadeira, mas inacreditável. Não interessava, portanto, que a história em questão tivesse *acontecido mesmo*; interessava, sim, que o público conseguisse seguir a história como possível – a história poderia ter deuses, profecias, esfinges, adivinhas, inquéritos quase policiais, mortes e cegueiras – desde que tudo isso surgisse como verosímil.

Mas que fazer de 2020, um ano tão absurdamente inverosímil? Como narrar a insânia generalizada?

12. A literatura talvez possa ajudar. *120 dias de corona* refere, logo no título, a obra *120 dias de Sodoma*, do Marquês de Sade – compêndio de narrativas, violências, torturas. O inenarrável, sim, mas convertido em narrativa: um lugar-limite.

Leandro Franz usa aquele título com um determinado endereçamento em mente, no devaneio – irónico e desenganado – de provocar os presidentes negacionistas. Mas não haverá também aí o gesto de escorar o indescritível sobre a radicalidade da literatura? É também por isso que lemos: para compreender como, noutras eras, se disse o mundo; e para aprendermos a dizer, nós, na nossa vida, o nosso.

PEDRO EIRAS

Escritor português. Desde 2001, publicou livros de ficção, poesia, teatro, ensaio. É professor de Literatura Portuguesa na Faculdade de Letras da Universidade do Porto e investigador do Instituto de Literatura Comparada Margarida Losa

FIM...

... DA PRIMEIRA ONDA

Importante: durante as revisões finais do livro, na última semana de 2020, dezenas de países pelo mundo já iniciavam a vacinação e o Brasil ainda não tinha um plano nacional definido.

Perguntado sobre o plano de vacinação, em 26/dez, o presidente respondeu: "Não dou bola pra isso".

Nos últimos 3 dias de 2020, o Brasil voltou ao nível de mais de mil mortes diárias, o que não acontecia desde agosto

Em 3 de janeiro de 2021, os 5 países com mais mortes eram:

1. EUA – 360 mil mortes
2. Brasil – 196 mil mortes
3. India – 150 mil mortes
4. México – 127 mil mortes
5. Itália – 75 mil mortes

PANDEMIA, ANO DOIS:

15 DE JANEIRO DE 2021

Memórias Póstumas para diário "120 dias de Corona", porque essa agonia não termina.

Há 10 meses, fiz o primeiro post do diário.

Há 3 meses, o último "epílogo".

A montanha-russa político-viral voltou a colocar vários países pelo mundo no pico de mortes, ultrapassar o pico e trazer de volta lockdowns rígidos. Globalmente chegamos a 2 milhões de mortes (e 90 milhões de casos).

Nos últimos meses sem post, vimos surgirem novas mutações do vírus, continuamos sem vacina nem seringa nem Ministro da Saúde, mas o sabotador de vidas se mantém em seu circo assassino gastando milhões com cloroquina e mais preocupado em liberar armas e aglomerar sem máscara e fingir que não é sua responsabilidade.

"Eu sei. Eu sei que tenho de ser forte. Mas por mais quanto tempo?" Diário de Anne Frank

A situação mais crítica hoje está em Manaus. Acabou o oxigênio dos hospitais lá, médicos estão bombeando manualmente por horas os pacientes e dando morfina para ao menos reduzir a dor, já que salvar vidas não é mais possível.

"Ninguém quer ver o perigo até que ele aparece cara a cara." Diário de Anne Frank

Aqui, no segundo país mais afetado do mundo (que passou de 200 mil mortes), tivemos um verão com aglomerações por todo lado. Nos EUA, o país mais afetado (agora com mais de 4 mil mortes diárias, 400 mil no total) a aglomeração foi dentro do Congresso.

Trump continuou tentando dar um golpe: perdeu 60 processos sobre sua alegação de fraude e então incitou uma insurreição, seus apoiadores decidiram invadir violentamente o congresso, alguns armados, quatro pessoas morreram. Ao menos, sofreu um 2o impeachment simbólico essa semana.

"Essa existência cansativa começa a transformar todos nós em pessoas desagradáveis." Diário de Anne Frank

A angústia aumentou, pois sabemos que Blonossauro deve usar as mesmas táticas em 2022: alegar fraude de votos (já fez isso em 2018), incitar milícias armadas e tentar dar o golpe. A diferença é que aqui ele tem o exército ao seu lado. Por mais que um impeachment possa fortalecer sua base fanática (ainda possui 40% de aprovação), é um risco maior não tentarmos ainda esse ano. Ontem, ele voltou a afirmar que ninguém precisa tomar vacina se não quiser, já que (alerta fake news) "não tem nada comprovado".

"Sei que chorar ajuda, mas não consigo. Estou inquieta. Ando de um cômodo para o outro, respiro pela fresta da janela, sinto o coração bater como se dissesse: realize seus desejos." Diário de Anne Frank

Voltando à pandemia. Se fossem nazistas passeando nas ruas matando mil brasileiros aleatórios por dia, será que as pessoas desistiriam de pedir para realizar o ENEM (será esse domingo) e para reabrir o comércio? Não dá mesmo para continuarmos isolados e focados na vacina durante a maior tragédia que já vimos no Brasil?

Voltando à literatura. Anne Frank escreveu um diário de 1942 a 1944, escondida e confinada com sua família em um sótão na Holanda. Ela não podia sair, pois nazistas a matariam, junto com toda sua família.

"Recordações valem mais do que vestidos" Diário de Anne Frank

Não temos nazistas hoje na rua nos matando (não tanto quanto o coronavírus), mas deveríamos imaginar que estão aí, sim, um inimigo invisível leva a vida de mil brasileiros por dia e muita gente parece não se importar.

"Nesses momentos não penso no infortúnio, e sim na beleza que permanece" Diário de Anne Frank

Vai demorar demais para vacinarmos os brasileiros. Muitos países já começaram na semana do Natal, mas o ritmo continua lento. As novas mutações do vírus são mais infecciosas. Precisamos voltar ao confinamento, fechar o que for possível, retomar o auxílio emergencial. Ainda estamos em uma guerra.

"Será que me tornei tão encantada pela natureza porque estou trancada há tanto tempo?" Diário de Anne Frank

Anne Frank, 15 anos de idade, não viu o final da guerra. Foi descoberta pelos nazistas em 1944, enviada a um campo de concentração, onde morreu 7 meses depois. Nosso presidente continua sabotando a saúde, seu foco é armar a população. Não se mata vírus a tiro. Porém, mata-se um povo por falta de vacina.

"Vou tentar ser forte de novo, e se eu for paciente, o restante virá." Diário de Anne Frank

14 DE FEVEREIRO DE 2021

DIA 330 DA PANDEMIA, DOMINGO DE CARNAVAL

Não tá tendo carnaval

Não tá tendo impeachment

Não tá tendo vacina suficiente

Não tá tendo bloquinho

Não tá tendo presidente

Não tá tendo oposição unida

Não tá tendo plano de vacinação

Não tá tendo escola de samba

Não tá tendo escola

Não tá tendo samba

Não tá tendo condenação da familícia

Não tá tendo ministro da saúde

Não tá tendo auxílio emergencial

Não tá tendo retomada da economia
Não tá tendo UTI suficiente
Não tá tendo menos de mil mortes por dia
Não tá tendo democracia
Não tá tendo queda na taxa de contaminação
Não tá tendo trio elétrico
Não tá tendo luz
no
fim
do
túnel.

5 DE MARÇO DE 2021

DIA 355 DA PANDEMIA NO BRASIL.

Na próxima semana faremos 1 ano deste diário e ultrapassaremos 260 mil mortes no período. O impeachment pelos inúmeros crimes não virá, bater panela não tem ajudado.

Hoje, o presidente que não compra vacinas, mas prioriza salvar os filhos das condenações por corrupção, na semana que o filho compra uma mansão de 6 milhões, na semana em que batemos recordes históricos de mortes e inclusive ultrapassamos os EUA em mortes diárias, hoje, ele foi capaz de ironizar declarando que "chega de frescura, de mimimi. Vão ficar chorando até quando?".

Continua promovendo aglomerações e critica lockdown e o uso de máscaras por onde vai. E faz mais de mês que morrem em média mil brasileiros por dia. Não há mais conversa com quem ainda tenta defendê-lo. O que precisa acontecer para o basta final ser finalmente o último basta?

11 DE MARÇO DE 2021

DIA 366

Faz 1 ano do início desse diário, que já era para ter acabado, mas o presidente não deixa. Só ontem começou a fazer propaganda da vacina e dar o exemplo usando máscara. Foi um soluço de lucidez (não pensando em salvar vidas, só de olho na reeleição em 2022).

Batemos recordes diários, alcançamos 270 mil mortes, mais de 2 mil por dia, e finalmente sua popularidade volta a níveis críticos: 57% avaliam negativamente seu governo (em novembro eram 46%).

Adaptando um ditado: quem ainda apoia esse governo se acha a cura para o país, mas na verdade faz parte da doença. Uma doença que continua impulsionando milhares de mortes. Pelo menos até ontem. Ontem, "parece" que o presidente acordou para máscaras e vacina, falta acelerar o isolamento e o auxílio emergencial.

Enquanto isso, a tarefa fica terceirizada para os governadores. Em São Paulo, foi anunciado que teremos 15 dias do lockdown dos mais rígidos até agora (mas ainda frouxo em comparação ao ideal). Praticamente todos os estados estão sem vagas de UTI. A partir de agora, quem precisar, morre. E vai morrer muita gente nas próximas semanas. Se conseguirmos frear o contágio, a curva só vai achatar entre abril e maio. Então, voltamos à estaca zero e somos ameaça global para gerar novas variantes.

Em um livro que estou lendo ("o Torcicologista, Excelência"), Gonçalo M. Tavares resume nossa situação: "No fundo, a covardia bem organizada é aquela que é confundida com a valentia meio desorganizada".

Um ano disso somado ao descaso, negacionismo, incompetência e maldade. Infeliz aniversário de pandemia. Parabéns aos envolvidos que continuam apoiando tudo isso.

Em 12 de março de 2021, os 5 países com mais mortes são:

1. EUA – 544 mil mortes
2. Brasil – 275 mil mortes
3. México – 194 mil mortes
4. India – 155 mil mortes
5. Reino Unido – 125 mil mortes

Total global: 2,65 milhões de mortos

12 DE JULHO DE 2021

DIA 488 E... FINALMENTE VACINADO!

Foram mais de 11.720 horas aguardando minha vez.

#vivaosus #vivaciencia

Obs: ainda falta muito. Temos apenas 15% da população totalmente imunizada com 2 doses. Agora sou um dos 40% com a primeira dose (tomo a segunda em outubro só).

Em 12 de julho de 2021, os 5 países com mais mortes são:

1. EUA – 623 mil mortes
2. Brasil – 536 mil mortes
3. India – 411 mil mortes
4. México – 235 mil mortes
5. Peru – 194 mil mortes

Total global: 4,06 milhões de mortos

FIM DO DIÁRIO

NÃO DA PANDEMIA

[ATÉ A IMPRESSÃO DESTE LIVRO, JANEIRO DE 2022, DUAS NOVAS VARIANTES MAIS TRANSMISSÍVEIS (DELTA E ÔMICRON) FIZERAM AS CONTAMINAÇÕES SUBIREM PELO MUNDO. NESTE MOMENTO, AS MORTES NÃO ESTÃO MAIS ACOMPANHANDO A ALTA DE CASOS, PELO MENOS ENTRE OS VACINADOS]

HOJE, TEMOS 5,56 MILHÕES DE MORTOS NO MUNDO, SENDO 622 MIL ÓBITOS NO BRASIL. CONTINUAMOS EM SEGUNDO NO RANKING DA MAIOR TRAGÉDIA.

NOTAS DE FIM

1 G1. Bolsonaro diz que 'pequena crise' do coronavírus é 'mais fantasia' e não 'isso tudo' que mídia propaga. 10 mar. 2020. Disponível em: https://g1.globo.com/politica/noticia/2020/03/10/bolsonaro-diz-que-questao-do-coronavirus-e-muito-mais-fantasia.ghtml. Acesso em: 17 dez. 2020.

2 THORP, H. Holden. Do us a favor. Science, 13 mar. 2020. Disponível em: https://science.sciencemag.org/content/367/6483/1169. Acesso em: 17 dez. 2020.

3 ANSEDE, Manuel. Condutas individuais contra coronavírus podem ser mais importantes do que ação dos Governos. El País, 12 mar. 2020. Disponível em: https://brasil.elpais.com/ciencia/2020-03-12/objetivo-numero-1-aplainar-a-curva-do-coronavirus.html. Acesso em: 17 dez. 2020.

4 CORREIO BRAZILIENSE. Em entrevista, Bolsonaro critica "histeria" pelo coronavírus. 15 mar. 2020. Disponível em: https://www.correiobraziliense.com.br/app/noticia/politica/2020/03/15/interna_politica,834482/em-entrevista-bolsonaro-critica-histeria-pelo-coronavirus.shtml. Acesso em: 17 dez. 2020.

5 AZEVEDO, Reinaldo. Bolsonaro fala em 'certa histeria' e que fará 'festinha' de aniversário. UOL, 17 mar. 2020. Disponível em: https://noticias.uol.com.br/colunas/reinaldo-azevedo/2020/03/17/bolsonaro-fala-em-certa-histeria-e-que-fara-festinha-de-aniversario.htm. Acesso em: 17 dez. 2020.

6 G1. Secretário nacional da Cultura, Roberto Alvim faz discurso sobre artes semelhante ao de ministro da Propaganda de Hitler. 17 jan. 2020. Disponível em: https://g1.globo.com/politica/noticia/2020/01/17/secretario-nacional-da-cultura-roberto-alvim-faz-discurso-sobre-artes-semelhante-ao-de-ministro-da-propaganda-de-hitler.ghtml. Acesso em: 17 dez. 2020.

7 O GLOBO. Pequim considera declarações de Eduardo Bolsonaro sobre coronavírus 'imorais'. 20 mar. 2020. Disponível em: https://oglobo.globo.com/mundo/pequim-considera-declaracoes-de-eduardo-bolsonaro-sobre-coronavirus-imorais-24317508. Acesso em: 17 dez. 2020.

8 MAZIEIRO, Guilherme. Depois da facada, não vai ser gripezinha que vai me derrubar, diz Bolsonaro. UOL, 20 mar. 2020. Disponível em: https://noticias.uol.com.br/politica/ultimas-noticias/2020/03/20/depois-da-facada-nao-vai-ser-gripezinha-que-vai-me-derrubar-diz-bolsonaro.htm. Acesso em: 17 dez. 2020.

9 SAMOR, Geraldo; ARBEX, Pedro. Coronavírus: Médicos defendem 'abordagem cirúrgica' em vez de lockdown indefinido. BRAZIL Journal, 22 mar. 2020. Disponível em: https://braziljournal.com/coronavirus-medicos-defendem-abordagem-cirurgica-em-vez-de-lockdown-indefinido. Acesso em: 17 dez. 2020.

10 CORREIO DO POVO. Trump: "Após 15 dias de isolamento, decidiremos que caminho seguir". 23 mar. 2020. Disponível em: https://www.correiodopovo.com.br/not%C3%ADcias/mundo/trump-ap%C3%B3s-15-dias-de-isolamento-decidiremos-que-caminho-seguir-1.407304. Acesso em: 17 dez. 2020.

11 JORNAL NACIONAL. OMS afirma que pandemia de coronavírus está acelerando. 23 mar. 2020. Disponível em: https://g1.globo.com/jornal-nacional/noticia/2020/03/23/oms-afirma-que-pandemia-de-coronavirus-esta-acelerando.ghtml. Acesso em: 17 dez. 2020.

12 GREGORIO, Rafael. Bill Gates: não podemos simplesmente retomar a economia e 'ignorar a pilha de cadáveres'. 25 mar. 2020. Disponível em: https://valorinveste.globo.com/mercados/internacional-e-commodities/noticia/2020/03/25/bill-gates-nao-podemos-simplesmente-retomar-a-economia-e-ignorar-a-pilha-de-cadaveres.ghtml. Acesso em: 17 dez. 2020.

13 G1. Grupo dos 20 países mais ricos diz que vai injetar US$ 5 trilhões na economia para superar efeitos coronavírus. 26 mar. 2020. Disponível em: https://g1.globo.com/mundo/noticia/2020/03/26/em-encontro-virtual-lideres-dos-maiores-paises-tentarao-coordenar-resposta-ao-coronavirus.ghtml. Acesso em: 17 dez. 2020.

14 ISTO É. "Brasileiro pula em esgoto e não acontece nada", diz Bolsonaro em alusão ao coronavírus. 27 mar. 2020. Disponível em: https://istoe.com.br/brasileiro-pula-em-esgoto-e-nao-acontece-nada-diz-bolsonaro-em-alusao-ao-coronavirus/. Acesso em: 17 dez. 2020.

15 THE ECONOMIST. Brazil's president fiddles as a pandemic looms. 26 mar. 2020. Disponível em: https://www.economist.com/the-americas/2020/03/26/brazils-president-fiddles-as-a-pandemic-looms. Acesso em: 17 dez. 2020.

16 ANSA. Prefeito admite erro por apoiar campanha 'Milão não para'. Isto É, 23 mar. 2020. Disponível em: https://tab.uol.com.br/noticias/redacao/2020/03/27/covid-19-china-esconde-um-terco-dos-testes-positivos-diz-ceo-de-jornal.htm. Acesso em: 17 dez. 2020.

17 ANSA. Prefeito admite erro por apoiar campanha 'Milão não para'. Isto É, 23 mar. 2020. Disponível em: https://tab.uol.com.br/noticias/redacao/2020/03/27/covid-19-china-esconde-um-terco-dos-testes-positivos-diz-ceo-de-jornal.htm. Acesso em: 17 dez. 2020.

18 MILMAN, Oliver. Seven of Donald Trump's most misleading coronavirus claims. The Guardian, 31 mar. 2020. Disponível em: https://www.theguardian.com/us-news/2020/mar/28/trump-coronavirus-misleading-claims. Acesso em: 17 dez. 2020.

19 PEQUENOS EMPREGOS E GRANDES NEGÓCIOS. Coronavírus: Bolsonaro cogita decreto que permita volta ao trabalho a todas as profissões. 29 mar. 2020. Disponível em: https://revistapegn.globo.com/Noticias/noticia/2020/03/coronavirus-bolsonaro-cogita-decreto-que-permita-volta-ao-trabalho-todas-profissoes.html. Acesso em: 17 dez. 2020.

20 FERRAZ, Adriana. Bolsonaro diz que é preciso 'enfrentar vírus como homem e não como moleque'. 29 mar. 2020. Disponível em: https://noticias.uol.com.br/ultimas-noticias/agencia-estado/2020/03/29/bolsonaro-diz-que-e-preciso-enfrentar-virus-como-homem-e-nao-como-moleque.htm. Acesso em: 17 dez. 2020.

21 ESTADO DE MINAS. Messi anuncia que jogadores do Barça reduzirão em 70% os salários. 30 mar. 2020. Disponível em: https://www.em.com.br/app/noticia/internacional/2020/03/30/interna_internacional,1133766/messi-anuncia-que-jogadores-do-barca-reduzirao-em-70-os-salarios.shtml. Acesso em: 17 dez. 2020.

22 LABORDE, Antonia. Epidemiologista da Casa Branca calcula que EUA poderão ter 200.000 mortes por coronavírus. 29 mar. 2020. Disponível em: https://brasil.elpais.com/internacional/2020-03-29/epidemiologista-da-casa-branca-calcula-que-eua-poderao-ter-200000-mortes-por-coronavirus.html. Acesso em: 17 dez. 2020.

23 AGOSTINE, Cristiane. Líderes da oposição pedem renúncia de Bolsonaro. 30 mar. 2020. Disponível em: https://valor.globo.com/politica/noticia/2020/03/30/lideres-da-oposicao-pedem-renuncia-de-bolsonaro.ghtml. Acesso em: 17 dez. 2020.

24 CHAN, Emily. Astrologia 2020: datas importantes e tudo o que você precisa saber. 21 jan. 2020. Disponível em: https://vogue.globo.com/lifestyle/noticia/2020/01/astrologia-2020-datas-importantes-e-tudo-o-que-voce-precisa-saber.html. Acesso em: 17 dez. 2020.

25 CENTENERA, Mar. Assassinato de mãe e filha na Argentina acende alerta sobre a violência contra mulher na quarentena. 31 mar. 2020. Disponível em: https://brasil.elpais.com/sociedade/2020-03-31/assassinato-de-mae-e-filha-na-argentina-acende-alerta-sobre-a-violencia-contra-mulher-na-quarentena.html. Acesso em: 17 dez. 2020.

26 QUEIROZ, Raquel; TRINDADE, Eliane. Doações somam R$ 500 milhões em dez dias na luta contra o coronavírus. 31 mar. 2020. Disponível em: https://www1.folha.uol.com.br/cotidiano/2020/03/doacoes-somam-r-500-milhoes-em-dez-dias-na-luta-contra-o-coronavirus.shtml. Acesso em: 17 dez. 2020.

27 UOL. Peru fará rodízio entre homens e mulheres nas ruas a partir desta sexta. 2 abr. 2020. Disponível em: https://noticias.uol.com.br/internacional/ultimas-noticias/2020/04/02/peru-fara-rodizio-entre-homens-e-mulheres-nas-ruas-a-partir-desta-sexta.htm. Acesso em: 17 dez. 2020.

28 ISTO É. Gêmeos nascem durante pandemia e são batizados de Corona e Covid. 3 abr. 2020. Disponível em: https://istoe.com.br/gemeos-nascem-durante-pandemia-e-sao-batizados-de-corona-e-covid/. Acesso em: 17 dez. 2020.

29 SOARES, Ingrid. Bolsonaro quer um dia de jejum religioso contra coronavírus. 2 abr. 2020. Disponível em: https://www.correiobraziliense.com.br/app/noticia/politica/2020/04/02/interna_politica,842034/bolsonaro-quer-um-dia-de-jejum-religioso-contra-coronavirus.shtml. Acesso em: 17 dez. 2020.

30 SCHLINDWEIN, Manoel. Por telefone, a briga de Bolsonaro e Mandetta: 'O senhor que me demita'. Veja, 3 abr. 2020. Disponível em: https://veja.abril.com.br/blog/radar/mandetta-disse-a-bolsonaro-que-se-responsabilizasse-por-corpos-na-vala/. Acesso em: 17 dez. 2020.

31 VERISSIMO, Luis Fernando. Desfilam com faixas que pedem intervenção militar. Quer dizer, pedem repetição da farsa. Como gostaram da outra, provavelmente querem uma igual àquela. 31 mar. 2018. Disponível em: https://oglobo.globo.com/opiniao/farsas-22732649. Acesso em: 17 dez. 2020.

32 LOPES, Reinaldo José. Por até dois anos, vamos ter de alternar períodos de abertura e quarentenas, diz Atila Iamarino. 3 abr. 2020. Disponível em: https://www1.folha.uol.com.br/equilibrioesaude/2020/04/por-ate-dois-teremos-de-alternar-periodos-de-abertura-e-novas-quarentenas-diz-atila-iamarino.shtml. Acesso em: 17 dez. 2020.

33 ARANHA, Carla. Coronavírus aprofunda crise econômica no Líbano e país anuncia calote. Exame, 24 mar. 2020. Disponível em: https://exame.com/economia/coronavirus-aprofunda-crise-economica-no-libano-e-pais-anuncia-calote/. Acesso em: 17 dez. 2020.

34 MATOS, Vítor. Covid-19. Acusado de "amordaçar" a imprensa, Governo espanhol obrigado a aceitar perguntas por videoconferência. 5 mar. 2020. Disponível em: https://expresso.pt/coronavirus/2020-04-05-Covid-19.-Acusado-de-amordacar-a-imprensa-Governo-espanhol-obrigado-a-aceitar-perguntas-por-videoconferencia. Acesso em: 17 dez. 2020.

35 STUCK, Jean-Philip. Vodca, sauna e tratores vão curar covid-19, segundo líder de Belarus. 31 mar. 2020. Disponível em: https://www.dw.com/pt-br/vodca-sauna-e-tratores-v%C3%A3o-curar-covid-19-segundo-l%C3%ADder-de-belarus/a-52972500#:~:text=%22As%20pessoas%20n%C3%A3o%20deveriam%20apenas,Mas%20n%C3%A3o%20no%20trabalho.%22. Acesso em: 17 dez. 2020.

36 STABOLITO JR., Ricardo. Damian Lillard sugere que playoffs de 2020 seja mais parecido com Torneio da NCAA. 6 abr. 2020. Disponível em: https://www.msn.com/pt-br/esportes/other/damian-lillard-sugere-que-playoffs-de-2020-seja-mais-parecido-com-torneio-da-ncaa/ar-BB12ePs3. Acesso em: 17 dez. 2020.

37 FOLHA DE S. PAULO. Pandas aproveitam zoológico vazio em Hong Kong e acasalam pela 1ª vez em dez anos. 7 abr. 2020. Disponível em: https://f5.folha.uol.com.br/bichos/2020/04/pandas-aproveitam-zoologico-vazio-em-hong-kong-e-conseguem-acasalar-pela-1a-vez-em-dez-anos.shtml. Acesso em: 17 dez. 2020.

38 HELAL FILHO, William. 'Voltar ao normal seria como se converter a negacionismo e aceitar que a Terra é plana', diz Ailton Krenak. 6 abr. 2020. Disponível em: https://oglobo.globo.com/cultura/voltar-ao-normal-seria-como-se-converter-negacionismo-aceitar-que-terra-plana-diz-ailton-krenak-24353229. Acesso em: 17 dez. 2020.

39 HYPENESS. Autores do 'meme do caixão' gravam vídeo em defesa da quarentena. Disponível em: https://www.hypeness.com.br/2020/05/autores-do-meme-do-caixao-gravam-video-em-defesa-da-quarentena/. Acesso em: 17 dez. 2020.

40 TV CENTRO AMÉRICA. Paciente internado com coronavírus foge de hospital e é detido pela polícia em MT. G1, 21 mar. 2020. Disponível em: https://g1.globo.com/mt/mato-grosso/noticia/2020/05/21/paciente-internado-com-coronavirus-foge-de-hospital-e-e-detido-pela-policia-em-mt.ghtml. Acesso em: 17 dez. 2020.

41 FELLET, João. Em meio à covid-19, garimpo avança e se aproxima de índios isolados em Roraima. BBC News, 9 abr. 2020. Disponível em: https://www.bbc.com/portuguese/brasil-52225713. Acesso em: 17 dez. 2020.

42 LACSKO, Madeleine. Médica conta o dia-a-dia do atendimento a pacientes de COVID-19 em São Paulo. 11 abr. 2020. Disponível em: https://www.gazetadopovo.com.br/vozes/madeleine-lacsko/medica-conta-o-dia-a-dia-do-atendimento-a-pacientes-de-covid-19-em-sao-paulo/. Acesso em: 17 dez. 2020.

43 VASSALLO, Luiz; MACEDO, Fausto. Polícia de SP prende 14 por roubo de 2 milhões de máscara e 15 mil testes de coronavírus. 11 abr. 2020. Disponível em: https://politica.estadao.com.br/blogs/fausto-macedo/policia-prende-10-por-roubo-de-2-milhoes-de-mascaras-e-15-mil-testes-de-coronavirus/. Acesso em: 17 dez. 2020.

44 GREEN ME. Coronavírus: ministros e deputados búlgaros renunciam ao próprio salário até o final da emergência. 10 abr. 2020. Disponível em: https://www.greenmebrasil.com/viver/costume-e-sociedade/43905-ministros-e-deputados-bulgaros-renunciam-ao-proprio-salario/. Acesso em: 17 dez. 2020.

45 MACHADO, Renato. Brasileiro não sabe se escuta o ministro ou o presidente, diz Mandetta. Folha de S. Paulo, 12 abr. 2020. Disponível em: https://www1.folha.uol.com.br/equilibrioesaude/2020/04/brasileiro-nao-sabe-se-escuta-o-ministro-ou-o-presidente-diz-mandetta.shtml. Acesso em: 17 dez. 2020.

46 VEJA. 'Washington Post': Bolsonaro é pior líder mundial a lidar com coronavírus. 15 abr. 2020. Disponível em: https://veja.abril.com.br/mundo/washington-post-bolsonaro-e-pior-lider-mundial-a-lidar-com-coronavirus/. Acesso em: 17 dez. 2020.

47 LOPES, Débora. O que os bilionários brasileiros estão fazendo diante do coronavírus. VICE, 17 abr. 2020. Disponível em: https://www.vice.com/pt/article/7kznbb/o-que-os-bilionarios-brasileiros-estao-fazendo-diante-do-coronavirus. Acesso em: 17 dez. 2020.

48 SOARES, Ingrid. "Está tudo sob controle. Não sabemos de quem", diz Mourão. Correio Braziliense, 17 abr. 2020. Disponível em: https://www.correiobraziliense.com.br/app/noticia/politica/2020/04/17/interna_politica,845738/esta-tudo-sob-controle-nao-sabemos-de-quem-diz-mourao.shtml. Acesso em: 17 dez. 2020.

49 FOLHA DE S.PAULO. Maranhão comprou da China, mandou para EtiÃ³pia e driblou governo federal para ter respiradores. 16 abr. 2020. Disponível em: https://www1.folha.uol.com.br/colunas/painel/2020/04/maranhao-comprou-da-china-mandou-para-etiopia-e-driblou-governo-federal-para-ter-respiradores.shtml. Acesso em: 17 dez. 2020.

50 EXAME. Maioria de tuítes a favor de Bolsonaro sobre coronavírus é feita por robôs. 3 abr. 2020. Disponível em: https://exame.com/tecnologia/maioria-de-tuites-a-favor-de-bolsonaro-sobre-coronavirus-e-feita-por-robos/. Acesso em: 17 dez. 2020.

51 FUKS, Julián. Ensaio: Falência do tempo - Pandemia provoca a ilusão de um futuro desfeito. UOL, 24 abr. 2020. Disponível em: https://www.uol.com.br/ecoa/colunas/opiniao/2020/04/24/ensaio-falencia-do-tempo---pandemia-provoca-a-ilusao-de-um-futuro-desfeito.htm. Acesso em: 17 dez. 2020.

52 JOVEM PAN. Carla Zambelli diz que queria 'abraçar alguém com coronavírus' para se infectar. 27 abr. 2020. Disponível em: https://jovempan.com.br/programas/panico/carla-zambelli-coronavirus.html. Acesso em: 17 dez. 2020.

53 GARCIA, Gustavo; GOMES, Pedro Henrique; VIANA, Hamanda. 'E daí? Lamento. Quer que eu faça o quê?', diz Bolsonaro sobre mortes por coronavírus; 'Sou Messias, mas não faço milagre'. G1, 28 abr. 2020. Disponível em: https://g1.globo.com/politica/noticia/2020/04/28/e-dai-lamento-quer-que-eu-faca-o-que-diz-bolsonaro-sobre-mortes-por-coronavirus-no-brasil.ghtml. Acesso em: 17 dez. 2020.

54 PEREIRA, Felipe. Cidade de SP está à beira do colapso nas UTIs mesmo antes do pico da covid. UOL, 30 abr. 2020. Disponível em: https://noticias.uol.com.br/saude/ultimas-noticias/redacao/2020/04/30/cidade-sp-esta-a-beira-do-colapso-da-nas-utis-antes-do-pico-da-pandemia.htm. Acesso em: 17 dez. 2020.

55 ISTO É. Apresentador de TV faz live e mulher aparece nua ao fundo em suposta traição. 29 abr. 2020. Disponível em: https://istoe.com.br/apresentador-de-tv-faz-live-e-mulher-aparece-nua-ao-fundo-em-suposta-traicao/. Acesso em: 17 dez. 2020.

56 SANCHES, Mariana. Trump diz que Brasil vive 'momento difícil' com gráfico de coronavírus 'muito alto, quase vertical'. BBC News, 30 abr. 2020. Disponível em: https://www.bbc.com/portuguese/internacional-52496343. Acesso em: 17 dez. 2020.

57 GLOBO ESPORTE. Prefeito Alexandre Kalil rechaça jogos em BH: "Pensar em futebol agora é coisa de débil mental". 30 abr. 2020. Disponível em: https://globoesporte.globo.com/mg/futebol/noticia/prefeito-alexandre-kalil-rechaca-jogos-em-bh-pensar-em-futebol-agora-e-coisa-de-debil-mental.ghtml. Acesso em: 17 dez. 2020.

58 ISTO É. Encontrados dezenas de corpos em decomposição em frente a funerária em NY. 30 abr. 2020. Disponível em: https://istoe.com.br/encontrados-dezenas-de-corpos-em-decomposicao-em-frente-a-funeraria-em-ny/. Acesso em: 17 dez. 2020.

59 ISTO É. Traficantes em comunidade do Rio espancam quem sai da quarentena. 1 maio 2020. Disponível em: https://istoe.com.br/traficantes-em-comunidade-do-rio-espancam-quem-sai-da-quarenena/. Acesso em: 17 dez. 2020.

60 EL PAÍS. Homens armados entram no Capitólio de Michigan para protestar contra o confinamento. 1 maio 2020. Disponível em: https://brasil.elpais.com/internacional/2020-05-01/homens-armados-entram-no-capitolio-de-michigan-para-protestar-contra-o-confinamento.html. Acesso em: 17 dez. 2020.

61 O GLOBO. Manifestantes queimam bancos em protesto contra a crise financeira no Líbano. 29 abr. 2020. Disponível em: https://oglobo.globo.com/mundo/manifestantes-queimam-bancos-em-protesto-contra-crise-financeira-no-libano-24401498. Acesso em: 17 dez. 2020.

62 IGOR GIELOW. Rússia ameaça EUA com ataque nuclear por causa de nova arma de Trump. Folha de São Paulo, 30 abr. 2020. Disponível em: https://www1.folha.uol.com.br/mundo/2020/04/russia-ameaca-eua-com-ataque-nuclear-por-causa-de-nova-arma-de-trump.shtml. Acesso em: 17 dez. 2020.

63 SAMPAIO, Paulo. Dona de 500 sapatos, advogada paulista não sabe onde usá-los na quarentena. UOL, 1 maio 2020. Disponível em: https://noticias.uol.com.br/colunas/paulo-sampaio/2020/05/01/dona-de-500-sapatos-advogada-paulista-nao-sabe-onde-usa-los-quarentena.htm. Acesso em: 17 dez. 2020.

64 DANTAS, Carolina; GRANDIN, Felipe; MANZANO, Fabio. Bolsonaro repete que 70% pegarão coronavírus; cientistas estimam 1,8 milhão de mortes se isso ocorrer. 12 maio 2020. Disponível em: https://g1.globo.com/bemestar/coronavirus/noticia/2020/05/12/bolsonaro-repete-que-70percent-pegarao-coronavirus-cientistas-estimam-18-milhao-de-mortes-se-isso-ocorrer.ghtml. Acesso em: 17 dez. 2020.

65 GOULART, Josette. Manaus testemunha a 'hora da morte' por covid-19. "As pessoas morrem sozinhas. Sozinhas, sozinhas, sozinhas.". 1 maio 2020. Disponível em: https://brasil.elpais.com/sociedade/2020-05-01/manaus-testemunha-a-hora-da-morte-por-covid-19-as-pessoas-morrem-sozinhas-sozinhas-sozinhas-sozinhas.html. Acesso em: 17 dez. 2020.

66 ESTADO DE MINAS. Queda da poluição evitará 11.000 mortes na Europa, segundo estudo. 30 abr. 2020. Disponível em: https://www.em.com.br/app/noticia/internacional/2020/04/30/interna_internacional,1143240/queda-da-poluicao-evitara-11-000-mortes-na-europa-segundo-estudo.shtml. Acesso em: 17 dez. 2020.

67 CORREIO DA MANHÃ. Autarca brasileiro de Manaus pede ajuda a Costa para lidar com pandemia. 2 maio 2020. Disponível em: https://www.cmjornal.pt/mundo/detalhe/autarca-brasileiro-de-manaus-pede-ajuda-a-costa-para-lidar-com-pandemia. Acesso em: 17 dez. 2020.

68 UOL. Revista: Moro diz que entregou provas materiais: "Tem bastante coisa". 3 maio 2020. Disponível em: https://noticias.uol.com.br/politica/ultimas-noticias/2020/05/03/revista-moro-diz-que-entregou-provas-materiais-tem-bastante-coisa.htm. Acesso em: 17 dez. 2020.

69 ESTADÃO. Profissionais do Estadão são agredidos com chutes, murros e empurrões por apoiadores de Bolsonaro. 3 maio 2020. Disponível em: https://politica.estadao.com.br/noticias/geral,profissionais-do-estadao-sao-agredidos-com-chutes-murros-e-empurroes-por-apoiadores-de-bolsonaro,70003290862. Acesso em: 17 dez. 2020.

70 MARQUES, Hugo. "Chegamos ao limite. Não tem mais conversa", diz Bolsonaro em manifestação. 3 maio 2020. Disponível em: https://veja.abril.com.br/brasil/chegamos-ao-limite-nao-tem-mais-conversa-diz-bolsonaro-em-manifestacao/. Acesso em: 17 dez. 2020.

71 ALVES, Chico. Generais dizem que "presidente está enganado" e que FA não apoiariam golpe. 3 maio 2020. Disponível em: https://noticias.uol.com.br/colunas/chico-alves/2020/05/03/generais-dizem-que-forcas-armadas-nao-entram-em-golpe.htm. Acesso em: 17 dez. 2020.

72 SHOWLIZ, Bang. Halle Berry acha ensinar filhos em casa 'um pesadelo'. 1 maio 2020. Disponível em: https://www.msn.com/pt-br/musica/story/halle-berry-acha-ensinar-filhos-em-casa-um-pesadelo/vi-BB13tDZW. Acesso em: 17 dez. 2020.

73 MARIE CLAIRE. Mulher acumula R$ 17,5 mil em luvas e máscaras: "Não vou doar nada". 28 abr. 2020. Disponível em: https://revistamarieclaire.globo.com/Noticias/noticia/2020/04/mulher-acumula-r-175-mil-em-luvas-e-mascaras-nao-vou-doar-nada.html. Acesso em: 17 dez. 2020.

74 D'ERCOLE, Isabella. Em decisão histórica, Sudão torna mutilação genital feminina crime. 1 maio 2020. Disponível em: https://claudia.abril.com.br/sua-vida/em-decisao-historica-sudao-torna-mutilacao-genital-feminina=-crime/#:~:text-Ontem%2C%20o%20novo%20governo%20do,genit%C3%A1lia%20feminina%2C%20especialmente%20o%20clit%C3%B3ris. . Acesso em: 17 dez. 2020.

75 SHALDERS, André. Cargos que Bolsonaro negocia com centrão têm mais de R$ 10,6 bi 'livres' para investir em 2020. BBC News, 29 abr. 2020. Disponível em: https://www.bbc.com/portuguese/brasil-52466624. Acesso em: 17 dez. 2020.

76 VALENTE, Rubens. Fora da agenda, Bolsonaro recebe Curió, símbolo de assassinatos na ditadura. UOL, 4 maio 2020. Disponível em: https://noticias.uol.com.br/colunas/rubens-valente/2020/05/04/bolsonaro-curio-audiencia-agenda.htm. Acesso em: 17 dez. 2020.

77 VALENTE, Rubens. Fora da agenda, Bolsonaro recebe Curió, símbolo de assassinatos na ditadura. UOL, 4 maio 2020. Disponível em: https://noticias.uol.com.br/colunas/rubens-valente/2020/05/04/bolsonaro-curio-audiencia-agenda.htm. Acesso em: 17 dez. 2020.

78 WILLIAMS, David. Um pedaço da Lua com 13,5 kg está à venda – por R$ 13,7 milhões. CNN Brasil, 1 maio 2020. Disponível em: https://www.cnnbrasil.com.br/tecnologia/2020/05/01/um-pedaco-da-lua-com-13-5-kg-esta-a-venda-por-r-13-7-milhoes. Acesso em: 17 dez. 2020.

79 ÉPOCA. Cidade sueca usa cocô de galinha pra conter disseminação da covid-19. 5 maio 2020. Disponível em: https://epoca.globo.com/sociedade/coronavirus-cidade-sueca-usa-coco-de-galinha-pra-conter-disseminacao-da-covid-19-24410665. Acesso em: 17 dez. 2020.

80 TEGA, Isadora. Cortar o cabelo sozinha dá certo? Eu tentei, e este foi o resultado. R7, 5 maio 2020. Disponível em: https://lifestyle.r7.com/prisma/mao-de-vaca-com-estilo/cortar-o-cabelo-sozinha-da-certo-eu-tentei-e-este-foi-o-resultado-05052020. Acesso em: 17 dez. 2020.

81 SCHIAVONI, Eduardo. SP: festa com donos de carros de luxo causa confusão em condomínio badalado. UOL, 5 maio 2020. Disponível em: https://noticias.uol.com.br/cotidiano/ultimas-noticias/2020/05/05/festa-carros-de-luxo-riviera-sao-lourenco-quarentena-coronavirus.htm. Acesso em: 17 dez. 2020.

82 KIM, Allen. Ninho de vespas assassinas é encontrado nos EUA e pode ser o primeiro no país. CNN Brasil, 23 out. 2020. Disponível em: https://www.cnnbrasil.com.br/internacional/2020/10/23/ninho-de-vespas-assassinas-e-encontrado-nos-eua-e-pode-ser-o-primeiro-no-pais. Acesso em: 17 dez. 2020.

83 VEJA. Estudo coloca Brasil como novo epicentro do coronavírus no mundo. 5 maio 2020. Disponível em: https://veja.abril.com.br/saude/estudo-coloca-brasil-como-novo-epicentro-do-coronavirus-no-mundo/. Acesso em: 17 dez. 2020.

84 WIKIPÉDIA. Epicentro. Disponível em: https://pt.wikipedia.org/wiki/Epicentro#:~:text=O%20epicentro%20(do%20grego%20antigo,foco%20ou%20hipocentro%20do%20terremoto. Acesso em: 17 dez. 2020.

85 OLIVEIRA, Marcelo. Revista Lancet chama Bolsonaro de maior ameaça à luta contra covid no país. UOL, 7 maio 2020. Disponível em: https://noticias.uol.com.br/saude/ultimas-noticias/redacao/2020/05/07/the-lancet-aponta-bolsonaro-como-maior-ameaca-ao-combate-a-covid-19-no-pais.htm. Acesso em: 17 dez. 2020.

86 MANETTO, Francesco; MOLEIRO, Alonso. Tentativa de invasão marítima agrava tensão da Venezuela com os EUA e a oposição. El País, 6 maio 2020. Disponível em: https://brasil.elpais.com/internacional/2020-05-06/tentativa-de-invasao-maritima-agrava-tensao-da-venezuela-com-os-eua-e-a-oposicao.html. Acesso em: 17 dez. 2020.

87 GZH GERAL. Cidade da Baixada Fluminense tem saúde à beira do colapso e comércio aberto a mando da milícia. 11 maio 2020. Disponível em: https://gauchazh.clicrbs.com.br/geral/noticia/2020/05/cidade-da-baixada-fluminense-tem-saude-a-beira-do-colapso-e-comercio-aberto-a-mando-da-milicia-cka2j6x5q04ev01qlvdcuxf9t.html. Acesso em: 17 dez. 2020.

88 PENSADOR. Disponível em: https://www.pensador.com/frase/MTk5NjU0Mg/. Acesso em: 17 dez. 2020.

89 JR., Geraldo. Astrólogo que virou meme por prever 2020 'mais leve' fala sobre erro: 'Ninguém esperava um coronavírus'. G1, 14 maio 2020. Disponível em: https://g1.globo.com/sp/bauru-marilia/noticia/2020/05/14/astrologo-que-virou-meme-por-prever-2020-mais-leve-fala-sobre-erro-ninguem-esperava-um-coronavirus.ghtml. Acesso em: 17 dez. 2020.

90 BRUNO, Cátia. Donald Trump dispara contra Barack Obama e cria hashtag "Obamagate". Observador, 11 maio 2020. Disponível em: https://observador.pt/2020/05/11/donald-trump-dispara-contra-barack-obama-e-cria-hashtag-obamagate/. Acesso em: 17 dez. 2020.

91 UOL. Mourão: 'Nenhum país vem causando tanto mal a si mesmo como o Brasil'. 14 maio 2020. Disponível em: https://noticias.uol.com.br/saude/ultimas-noticias/redacao/2020/05/14/mourao-nenhum-pais-vem-causando-tanto-mal-a-si-mesmo-como-o-brasil.htm. Acesso em: 17 dez. 2020.

92 BORGES, Rafaela. Pensando em comprar carro? Saiba por que agora é melhor que no pós pandemia. UOL, 15 maio 2020. Disponível em: https://www.uol.com.br/carros/colunas/primeira-classe/2020/05/15/quarentena-e-o-melhor-momento-para-comprar-um-carro-zero.htm. Acesso em: 17 dez. 2020.

93 SANOJA, Manuel. Virilidade frágil em tempos de coronavírus: por que alguns homens se negam a usar máscara. El País, 31 maio 2020. Disponível em: https://brasil.elpais.com/buenavida/2020-05-31/virilidade-fragil-em-tempos-de-coronavirus-por-que-alguns-homens-se-negam-a-usar-mascara.html. Acesso em: 17 dez. 2020.

94 UOL. Lives de hoje: Gusttavo Lima, Ivete, Michel Teló, Anitta, Katy Perry e mais. 15 maio 2020. Disponível em: https://entretenimento.uol.com.br/noticias/redacao/2020/05/15/lives-de-hoje-gustavo-lima-pedro-sampaio-molejo-katy-perry-e-mais.htm. Acesso em: 17 dez. 2020.

95 GZH SAÚDE. Vivemos um "luto antecipatório coletivo", acredita estudiosa de epidemiologia. 16 abr. 2020. Disponível em: https://gauchazh.clicrbs.com.br/saude/noticia/2020/04/vivemos-um-luto-antecipatorio-coletivo-acredita-estudiosa-de-epidemiologia-ck9316vd800fo014q7mjoq859.html. Acesso em: 17 dez. 2020.

96 COHEN, Sandra. O fim da obsessão de Trump pela cloroquina: presidente americano silenciou com estudos que não encontraram benefícios. G1, 16 maio 2020. Disponível em: https://g1.globo.com/mundo/blog/sandra-cohen/post/2020/05/16/o-fim-da-obsessao-de-trump-pela-cloroquina.ghtml. Acesso em: 17 dez. 2020.

97 G1. 'Não há evidências para recomendar cloroquina e hidroxicloroquina contra a Covid-19', diz diretor da Opas. 19 maio 2020. Disponível em: https://g1.globo.com/bemestar/coronavirus/noticia/2020/05/19/nao-ha-evidencias-para-recomendar-cloroquina-e-hidroxicloroquina-contra-a-covid-19-diz-diretor-da-opas.ghtml. Acesso em: 17 dez. 2020.

98 TRINDADE, Naira. Governo [brasileiro] faz campanha mostrando nomes de médicos que defendem uso da cloroquina. O Globo, 19 maio 2020. Disponível em: https://oglobo.globo.com/sociedade/coronavirus/governo-faz-campanha-mostrando-nomes-de-medicos-que-defendem-uso-da-cloroquina-24434526. Acesso em: 17 dez. 2020.

99 JORNAL DE BRASÍLIA. Covid-19: morre médico que se automedicou com cloroquina. 21 abr. 2020. Disponível em: https://jornaldebrasilia.com.br/brasil/covid-19-morre-medico-que-se-automedicou-como-cloroquina/. Acesso em: 17 dez. 2020.

100 LEITÃO, Matheus. Produção em massa de cloroquina pelo Exército ajudou a derrubar Teich, VEJA, 15 maio 2020. Disponível em: https://veja.abril.com.br/blog/matheus-leitao/exercito-e-a-producao-em-massa-de-cloroquina-ajudaram-a-derrubar-teich/amp/?__twitter_impression=true. Acesso em: 17 dez. 2020.

101 HOWARD, Jacqueline. Estudo brasileiro sobre cloroquina é interrompido após morte de pacientes. CNN, 13 abr. 2020. Disponível em: https://www.cnnbrasil.com.br/saude/2020/04/13/estudo-brasileiro-sobre-cloroquina-e-interrompido-apos-morte-de-pacientes. Acesso em: 17 dez. 2020.

102 BBC NEWS. Trump diz estar tomando hidroxicloroquina, contra a recomendação de seu próprio governo. 18 maio 2020. Disponível em: https://www.bbc.com/portuguese/internacional-52717323. Acesso em: 17 dez. 2020.

103 NEO JORNAL. 'Personal dos famosos' faz live diária com treinos para 10 mil pessoas. 21 maio 2020. Disponível em: https://neojornal.com.br/2020/personal-dos-famosos-faz-live-diaria-com-treinos-funcionais/. Acesso em: 17 dez. 2020.

104 NOTÍCIAS AO MINUTO. Cabras protagonizam fuga e passeiam pelas ruas da Califórnia. 15 maio 2020. Disponível em: https://www.noticiasaominuto.com/mundo/1479350/cabras-protagonizam-fuga-e-passeiam-pelas-ruas-da-california. Acesso em: 17 dez. 2020.

105 MSN ENTRETERIMENTO. Jovens criam circuito para bola de ping-pong. 18 maio 2020.

106 CAZARRÉ, Marieta. Ministro boliviano é preso por suspeita em compra de respiradores. Agência Brasil, 21 maio 2020. Disponível em: https://agenciabrasil.ebc.com.br/internacional/noticia/2020-05/ministro-boliviano-e-preso-por-suspeita-na-compra-de-respiradores. Acesso em: 17 dez. 2020.

107 CARTA CAPITAL. "Tem alguma coisa de podre no reino do Brasil", diz editorial do Le Monde sobre Bolsonaro. 19 maio 2020. Disponível em: https://www.cartacapital.com.br/mundo/tem-alguma-coisa-de-podre-no-reino-do-brasil-diz-editorial-do-le-monde-sobre-bolsonaro/. Acesso em: 17 dez. 2020.

108 EIRAS, Natália. Máscaras de pano viram fonte de renda e podem se tornar item fashion. Nossa Moda, 22 maio 2020. Disponível em: https://www.uol.com.br/nossa/noticias/redacao/2020/05/22/mascaras-de-pano-viram-fonte-de-renda-e-podem-se-tornar-item-fashion.htm. Acesso em: 17 dez. 2020.

109 SAMPAIO, Paulo. Casa de 1 euro leva brasileiro a ficar confinado na Itália em quarentena. UOL, 21 maio 2020. Disponível em: https://noticias.uol.com.br/colunas/paulo-sampaio/2020/05/21/casa-de-1-euro-leva-brasileiro-a-ficar-confinado-na-italia-em-quarentena.htm. Acesso em: 17 dez. 2020.

110 TILT. Os 13 livros e as séries que Bill Gates recomenda para 'escapar' de realidade da pandemia. 22 maio 2020. Disponível em: https://www.uol.com.br/tilt/noticias/bbc/2020/05/22/bill-gates-e-o-coronavirus-13-livros-e-series-que-co-fundador-da-microsoft-recomenda-para-escapar-de-realidade-da-pandemia.htm. Acesso em: 17 dez. 2020.

111 CANAL REATECH. Por filha surda, mãe faz máscara transparente: 'Acharam que era pelo batom'. 19 maio 2020. Disponível em: https://reatechbrasil.com.br/16/por-filha-surda-mae-faz-mascara-transparente-acharam-que-era-pelo-batom/. Acesso em: 17 dez. 2020.

112 G1. PM de SP prende grupo suspeito de fraudes no auxílio emergencial. 26 maio 2020. Disponível em: https://www.rp10.com.br/2020/05/pm-de-sp-prende-grupo-suspeito-de-fraudes-no-auxilio-emergencial/.

113 UOL. Morre iogue indiano que afirmava estar há 80 anos sem comer nem beber. 26 maio 2020. Disponível em: https://noticias.uol.com.br/ultimas-noticias/afp/2020/05/26/morre-iogue-indiano-que-afirmava-estar-80-anos-sem-comer-nem-beber.htm. Acesso em: 17 dez. 2020.

114 CINTRA, Rodrigo. O que fazer sem salão na pandemia? Rodrigo Cintra tira dúvidas mais comuns. Universa, 26 maio 2020. Disponível em: https://www.uol.com.br/universa/noticias/redacao/2020/05/26/quarentena-rodrigo-cintra-esclarece-10-questoes-mais-comuns-sobre-cabelos. Acesso em: 17 dez. 2020.

115 UOL. Morre iogue indiano que afirmava estar há 80 anos sem comer nem beber. 26 maio 2020. Disponível em: https://noticias.uol.com.br/ultimas-noticias/afp/2020/05/26/morre-iogue-indiano-que-afirmava-estar-80-anos-sem-comer-nem-beber.htm. Acesso em: 17 dez. 2020.

116 NATARAJAN, Swaminathan. China e Índia: o que há por trás da escalada de tensão que deixou 20 soldados mortos em choque na fronteira. BBC, 16 jun. 2020. Disponível em: https://www.bbc.com/portuguese/internacional-53073587. Acesso em: 17 dez. 2020.

117 ESTADO DE SÃO PAULO. O material jornalístico produzido pelo Estadão é protegido por lei. As regras têm como objetivo proteger o investimento feito pelo Estadão na qualidade constante de seu jornalismo. 14 jul. 2020. Disponível em: https://internacional.estadao.com.br/noticias/geral,trump-anuncia-sancoes-a-china-e-encerra-tratamento-especial-a-hong-kong,70003364097. Acesso em: 17 dez. 2020.

118 SZAFRAN, Vinicius. Jovem de 17 anos recusa oferta de R$ 46 milhões por monitor de Covid-19. Olhar Digital, 21 maio 2020. Disponível em: https://olhardigital.com.br/2020/05/21/noticias/jovem-de-17-anos-recusa-oferta-de-r-46-milhoes-por-monitor-de-covid-19/. Acesso em: 17 dez. 2020.

119 MANETTO, Francesco. Coronavírus desencadeia tempestade perfeita na Venezuela. El País, 27 maio 2020. Disponível em: https://brasil.elpais.com/internacional/2020-05-27/coronavirus-desencadeia-tempestade-perfeita-na-venezuela.html. Acesso em: 17 dez. 2020.

120 RECK, David. Slepping Giants Brasil: o despertar da segurança de marca. Meio & Mensagem, 2 jun. 2020. Disponível em: https://www.meioemensagem.com.br/home/opiniao/2020/06/02/slepping-giants-brasil-o-despertar-da-seguranca-de-marca.html. Acesso em: 17 dez. 2020.

121 PERON, Isadora; CAMAROTTO, Murillo. Moraes, do STF, aponta 'possíveis responsáveis pelo financiamento' de esquema de fake news. Valor Econômico, 27 maio 2020. Disponível em: https://valor.globo.com/politica/noticia/2020/05/27/moraes-do-stf-aponta-possiveis-responsaveis-pelo-financiamento-de-esquema-de-fake-news.ghtml. Acesso em: 17 dez. 2020.

122 STAFF, Reuters. Ataque destrutivo às instituições nos levou a duas ditaduras, diz Barroso em posse no TSE. REUTERS, 25 maio 2020. Disponível em: https://br.reuters.com/article/idBRKBN231259-OBRDN. Acesso em: 17 dez. 2020.

123 SPERB, Paula; CARVALHO, Ícaro. Escolas usam rádio para levar conteúdo a estudantes de todo o país. Folha de S. Paulo, 29 maio 2020. Disponível em: https://www1.folha.uol.com.br/educacao/2020/05/escolas-usam-radio-para-levar-conteudo-a-estudantes-de-todo-o-pais.shtml. Acesso em: 17 dez. 2020.

124 CAMPOS 24 HORAS. Como fica a linguagem não-verbal com as máscaras? Neurociência explica. 13 jun. 2020. Disponível em: https://campos24horas.com.br/noticia/como-fica-a-linguagem-nao-verbal-com-as-mascaras-neurociencia-explica. Acesso em: 17 dez. 2020.

125 FOLHA DE S.PAULO. Trump sugere atirar em manifestantes, e Twitter inclui aviso sobre glorificação da violência. 29 maio 2020. Disponível em: https://www1.folha.uol.com.br/mundo/2020/05/trump-sugere-atirar-em-manifestantes-e-twitter-inclui-aviso-sobre-glorificacao-da-violencia.shtml. Acesso em: 17 dez. 2020.

126 HEALY, Jack; SEARCEY, Dionne. Two Crises Convulse a Nation: A Pandemic and Police Violence. The New York Times, 31 maio 2020. Disponível em: https://www.nytimes.com/2020/05/31/us/george-floyd-protests-coronavirus.html. Acesso em: 17 dez. 2020.

127 WAGNER, Roberto. Coronavírus: 20% dos brasileiros que furaram isolamento alegam tédio. Metrópoles, 1 jun. 2020. Disponível em: https://www.metropoles.

com/saude/coronavirus-20-dos-brasileiros-que-furaram-isolamento-alegam-tedio. Acesso em: 17 dez. 2020.

128 CHADE, Jamil. Mundo se reúne para reconstruir seu futuro. E Brasil não aparece. UOL, 28 maio 2020. Disponível em: https://noticias.uol.com.br/colunas/jamil-chade/2020/05/28/brasil-fica-fora-de-coalizao-mundial-para-planejar-reconstrucao-da-economia.htm. Acesso em: 17 dez. 2020.

129 G1. Idosa de 105 anos recebe alta após se recuperar da Covid-19 no AM. 29 maio 2020. Disponível em: https://g1.globo.com/am/amazonas/noticia/2020/05/29/idosa-de-105-anos-recebe-alta-apos-se-recuperar-da-covid-19-no-am.ghtml. Acesso em: 17 dez. 2020.

130 PEREIRA, Joseane. De escritor a inspiração para o Führer: 8 fatos sobre Benito Mussolini. AH Aventuras Na História, 28 abr. 2020. Disponível em: https://aventurasnahistoria.uol.com.br/noticias/reportagem/oito-fatos-incomuns-sobre-benito-mussolini.phtml. Acesso em: 17 dez. 2020.

131 SAKAMOTO, Leonardo. Bolsonaro volta a dizer que morrer é normal no dia em que óbito é recorde. UOL, 2 jun. 2020. Disponível em: https://noticias.uol.com.br/colunas/leonardo-sakamoto/2020/06/02/bolsonaro-volta-a-dizer-que-morrer-e-normal-no-dia-que-obitos-batem-recorde.htm. Acesso em: 17 dez. 2020.

132 EXTRA. McGregor come abelha no café da manhã enquanto prepara retorno ao UFC. 2 jun. 2020. Disponível em: https://extra.globo.com/esporte/mcgregor-come-abelha-no-cafe-da-manha-enquanto-prepara-retorno-ao-ufc-24458170.html. Acesso em: 17 dez. 2020.

133 EIRAS, Natalia. Balada no Zoom: Como é me arrumar para uma festa em que curto sentada na sala. Universa, 3 jun. 2020. Disponível em: https://www.uol.com.br/universa/noticias/redacao/2020/06/03/balada-no-zoom-como-e-me-arrumar-para-uma-festa-e-curtir-sentada-na-sala.htm. Acesso em: 17 dez. 2020.

134 BATISTA JR. João. Quarentena fez explodir busca por casas de campo em condomínio de luxo. Veja, 2 jun. 2020. Disponível em: https://veja.abril.com.br/blog/veja-gente/quarentena-fez-explodir-busca-por-casas-de-campo-em-condominio-de-luxo/. Acesso em: 17 dez. 2020.

135 UOL. Peru enfrenta escassez de oxigênio para pacientes com coronavírus. 1 jun. 2020. Disponível em: https://noticias.uol.com.br/ultimas-noticias/afp/2020/06/01/peru-enfrenta-escassez-de-oxigenio-para-pacientes-com-coronavirus.htm. Acesso em: 17 dez. 2020.

136 G1. Suécia vai abrir 'CPI da Covid-19' para saber se governo fez bem ao não isolar a população. 2 jun. 2020. Disponível em: https://g1.globo.com/mundo/noticia/2020/06/02/suecia-vai-abrir-cpi-da-covid-19-para-saber-se-governo-fez-bem-ao-nao-isolar-a-populacao.ghtml. Acesso em: 17 dez. 2020.

137 CASTRO, Daniel. CNN Brasil é criticada por escalar William Waack para analisar ataques antirracistas. Notícias da TV, 30 maio 2020. Disponível em: https://noticiasdatv.uol.com.br/noticia/televisao/cnn-brasil-e-criticada-por-escalar-william-waack-para-analisar-ataques-antirracistas-37425. Acesso em: 17 dez. 2020.

138 G1. Sérgio Camargo, presidente da Fundação Palmares, chama movimento negro de 'escória maldita' em reunião. 2 jun. 2020. Disponível em: https://g1.globo.com/politica/noticia/2020/06/02/sergio-camargo-presidente-da-fundacao-palmares-chama-movimento-negro-de-escoria-maldita-em-reuniao.ghtml. Acesso em: 17 dez. 2020.

139 PRESSE, France. Trump é processado por ação policial próximo à Casa Branca. G1, 4 jun. 2020. Disponível em: https://g1.globo.com/mundo/noticia/2020/06/04/trump-e-processado-por-acao-policial-proximo-a-casa-branca.ghtml. Acesso em: 17 dez. 2020.

140 VOGUE. Após ter loja vandalizada durante protestos antirracismo, Marc Jacobs defende manifestantes. 1 jun. 2020. Disponível em: https://vogue.globo.com/atualidades/noticia/2020/06/apos-ter-loja-vandalizada-durante-protestos-antirracismo-marc-jacobs-defende-manifestantes.html. Acesso em: 17 dez. 2020.

141 AGÊNCIA ESTADO. Bolsa Família: Governo transfere R$83,9 milhões para investir em propaganda. Correio Braziliense, 4 jun. 2020. Disponível em: https://www.correiobraziliense.com.br/app/noticia/politica/2020/06/04/interna_politica,861188/bolsa-familia-governo-transfere-r-83-9-milhoes-para-investir-em-propa.shtml. Acesso em: 17 dez. 2020.

142 BRASIL 247. Kim, Joice, Freixo, Molon e Tabata criam grupo de oposição a Bolsonaro no WhatsApp. 3 jun. 2020. Disponível em: https://www.brasil247.com/poder/kim-joice-freixo-molon-e-tabata-criam-grupo-de-oposicao-a-bolsonaro-no-whatsapp. Acesso em: 17 dez. 2020.

143 GUARAPUAVA, RPC. Após roda de chimarrão, grupo é contaminado com o novo coronavírus, diz prefeitura. 5 jun. 2020. Disponível em: https://g1.globo.com/pr/campos-gerais-sul/noticia/2020/06/05/apos-roda-de-chimarrao-grupo-e-contaminado-com-o-novo-coronavirus.ghtml. Acesso em: 17 dez. 2020.

144 UOL. Trump cita Brasil e diz que EUA teriam 2 mi de mortos se seguissem a Suécia. 5 jun. 2020. Disponível em: https://noticias.uol.com.br/internacional/ultimas-noticias/2020/06/05/trump-teriamos-2-milhoes-de-mortos-se-tivessemos-seguido-brasil-e-suecia.htm. Acesso em: 17 dez. 2020.

145 AZEVEDO, Reinaldo. Olavo 2: "Bolsonaro, enfia a condecoração no c... Você nunca me defendeu". UOL, 8 jun. 2020. Disponível em: https://noticias.uol.com.br/colunas/reinaldo-azevedo/2020/06/08/olavo-2-bolsonaro-enfia-a-condecoracao-no-voce-nunca-me-defendeu.htm. Acesso em: 17 dez. 2020.

146 AZEVEDO, Reinaldo. Olavo 5: Dono da Havan é "inculto e palhaço" e ajuda a levar país "à merda". UOL, 8 jun. 2020. Disponível em: https://noticias.uol.com.br/colunas/reinaldo-azevedo/2020/06/08/olavo-5-dono-da-havan-e-inculto-e-palhaco-e-ajuda-a-levar-pais-a-merda.htm. Acesso em: 17 dez. 2020.

147 NEWSWIRES, Dow Jones. EUA: Número de vagas em aberto sobe para 5,4 milhões no fim de maio. 7 de jul. 2020. Disponível em: https://valor.globo.com/mundo/noticia/2020/07/07/eua-numero-de-vagas-em-aberto-sobe-para-54-milhoes-no-fim-de-maio.ghtml. Acesso em: 17 dez. 2020.

148 O GLOBO. Cirurgião-plástico faz drive-thru de botox na Flórida, EUA. 4 jun. 2020. Disponível em: https://oglobo.globo.com/fotogalerias/cirurgiao-plastico-faz-drive-thru-de-botox-na-florida-eua-24462083. Acesso em: 17 dez. 2020.

149 BARBOSA, Anna. Empresas de limpeza veem alívio na crise com demanda de sanitização. Estadão, 20 jun. 2020. Disponível em: https://pme.estadao.com.br/noticias/geral,empresas-de-limpeza-veem-alivio-na-crise-com-demanda-de-sanitizacao,70003338747. Acesso em: 17 dez. 2020.

150 SCHELLER, Fernando. Puxada por supermercado e web, venda de vinhos surpreende apesar de pandemia. Estadão, 11 jul. 2020. Disponível em: https://economia.estadao.com.br/noticias/geral,puxada-por-supermercado-e-web-venda-de-vinhos-surpreende-apesar-de-pandemia,70003360634. Acesso em: 17 dez. 2020.

151 HORTÉLIO, Marina. Com antecipação do São João, baixa demanda por milho verde preocupa produtores. 2 jul. 2020. Disponível em: https://www.correio24horas.com.br/noticia/nid/com-antecipacao-do-sao-joao-baixa-demanda-por-milho-verde-preocupa-produtores/. Acesso em: 17 dez. 2020.

152 AGUIAR, Victor. Quem segura a bolsa? Ibovespa sobe mais e 2% e engata a sétima alta seguida; dólar fica abaixo de R$ 4,90. Seu Dinheiro, 8 jun. 2020. Disponível em: https://www.seudinheiro.com/2020/bolsa-dolar/ibovespa-dolar-08-06/. Acesso em: 17 dez. 2020.

153 BERNARDO, André. Escolas fechadas, hospitais lotados, eventos cancelados e dados censurados: o Brasil da meningite de 1974. BBC News, 28 mar. 2020. Disponível em: https://www.bbc.com/portuguese/brasil-52058352#:~:text=A%20epidemia%20de%20meningite%20que,tendenciosa%22%2C%20sobre%20a%20mol%C3%A9stia. Acesso em: 17 dez. 2020.

154 PARAGUASSU, Lisandra. Combate à epidemia é responsabilidade de governadores, diz Bolsonaro. EXTRA, 8 jun. 2020. Disponível em: https://extra.globo.com/economia/combate-epidemia-responsabilidade-de-governadores-diz-bolsonaro-24468317.html. Acesso em: 17 dez. 2020.

155 PARAGUASSU, Lisandra. Combate à epidemia é responsabilidade de governadores, diz Bolsonaro. EXTRA, 8 jun. 2020. Disponível em: https://extra.globo.com/economia/combate-epidemia-responsabilidade-de-governadores-diz-bolsonaro-24468317.html. Acesso em: 17 dez. 2020.

156 SALAS, Javier. Movimento antivacina cresce em meio à pandemia. El País, 4 jun. 2020. Disponível em: https://brasil.elpais.com/ciencia/2020-06-04/movimento-antivacina-cresce-em-meio-a-pandemia.html. Acesso em: 17 dez. 2020.

157 INFO MONEY. New York Times diz que há ameaça de "golpe militar" no Brasil para manter Bolsonaro no poder. 10 jun. 2020. Disponível em: https://www.infomoney.com.br/politica/new-york-times-diz-que-ha-ameaca-de-golpe-militar-no-brasil-para-manter-bolsonaro-no-poder/. Acesso em: 17 dez. 2020.

158 https://www.reuters.com/article/us-health-coronavirus-thailand-idUSKBN23I0J2

159 https://noticias.uol.com.br/ultimas-noticias/ansa/2020/06/11/papa-liga-para-arcebispo-de-aparecida-e-diz-rezar-pelo-brasil.htm

160 https://butantan.gov.br/noticias/butantan-e-governo-de-sp-vao-testar-e-produzir-vacina-inedita-contra-coronavirus

161 TEÓFILO, Sarah. Bolsonaro sobre COVID-19: 'Ninguém faleceu por falta de UTI ou respirador'. Correio Braziliense, 3 jun. 2020. Disponível em: https://www.em.com.br/app/noticia/politica/2020/06/03/interna_politica,1153530/bolsonaro-covid-19-ninguem-faleceu-por-falta-de-uti-ou-respirador.shtml. Acesso em: 17 dez. 2020.

162 ADORNO, Luís; Augusto, Thaís. Policial negro é abordado por PM branco durante o trabalho pela 2ª vez. 17 set. 2020. Disponível em: https://noticias.uol.com.br/politica/ultimas-noticias/2020/09/17/policial-civil-negro-e-abordado-e-impedido-de-deixar-local-por-pms-brancos.htm. Acesso em: 17 dez. 2020.

163 https://www.uol.com.br/universa/videos/2020/06/12/cartas-de-amores-reais-3-casais-se-declaram-uns-aos-outros-em-meio-a-pandemia.htm

164 https://entretenimento.uol.com.br/noticias/redacao/2020/06/12/festas-online-um-guia-de-como-paquerar-durante-a-quarentena.htm

165 https://entretenimento.uol.com.br/quiz/2020/06/12/vai-passar-o-dia-dos-namorados-sozinho-descubra-qual-filme-assistir-hoje.htm

166 GRAIEB, Carlos. Será Paulo Guedes uma metamorfose ambulante? ISTO É, 12 jun. 2020. Disponível em: https://istoe.com.br/sera-paulo-guedes-uma-metamorfose-ambulante/. Acesso em: 17 dez. 2020.

167 LEAL, Artur. Grupo chuta portas e derruba computadores em alas de pacientes com Covid-19 no Ronaldo Gazolla. O Globo, 12 jun. 2020. Disponível em: https://oglobo.globo.com/rio/grupo-chuta-portas-derruba-computadores-em-alas-de-pacientes-com-covid-19-no-ronaldo-gazolla-24477088. Acesso em: 17 dez. 2020.

168 LIMA, Luciana. Deputados bolsonaristas invadem hospital público no Espírito Santo. Metrópoles, 13 jun. 2020. Disponível em: https://www.metropoles.com/brasil/deputados-bolsonaristas-invadem-hospital-publico-no-espirito-santo. Acesso em: 17 dez. 2020.

169 O ANTAGONISTA. Após fala de Bolsonaro, vereadores tentam invadir hospital em Fortaleza. 13 jun. 2020. Disponível em: https://www.oantagonista.com/brasil/apos-fala-de-bolsonaro-vereadores-tentam-invadir-hospital-em-fortaleza/. Acesso em: 17 dez. 2020.

170 REGUEIRA, Chico. Milícias expulsam moradores de casa em Itaboraí, Magé e Rio e colocam imóveis à venda. G1, 12 jun. 2020. Disponível em: https://g1.globo.com/rj/rio-de-janeiro/noticia/2020/06/12/milicias-expulsam-moradores-de-casa-em-itaborai-mage-e-rio-e-colocam-imoveis-a-venda.ghtml. Acesso em: 17 dez. 2020.

171 https://g1.globo.com/rj/rio-de-janeiro/noticia/2020/06/12/milicias-expulsam-moradores-de-casa-em-itaborai-mage-e-rio-e-colocam-imoveis-a-venda.ghtml

172 EXAME. Americano recuperado da covid-19 recebe conta hospitalar de R$ 5,5 milhões. 13 jun. 2020. Disponível em: https://exame.com/mundo/americano-recuperado-da-covid-19-recebe-conta-hospitalar-de-r-55-milhoes/. Acesso em: 17 dez. 2020.

173 RUPP, Isadora. Estratégia 'sueca' falha e Curitiba volta a fechar bares e parques para frear coronavírus. El País, 15 jun. 2020. Disponível em: https://brasil.elpais.com/brasil/2020-06-15/estrategia-sueca-falha-e-curitiba-volta-a-fechar-bares-e-parques-para-frear-coronavirus.html. Acesso em: 17 dez. 2020.

174 BRASIL DE FATO. Levante de Mulheres entrega manifesto com mais de 40 mil assinaturas em Brasília. 2 jul. 2020. Disponível em: https://www.brasildefators.com.br/2020/07/02/levante-de-mulheres-entrega-manifesto-com-mais-de-40-mil-assinaturas-em-brasilia. Acesso em: 17 dez. 2020.

175 SEHGAL, Parul. A Play Masterpiece that Expansed the Novel's Possibilities. 16 jun. 2020. Disponível em: https://www.nytimes.com/2020/06/16/books/review-posthumous-memoirs-bras-cubas-machado-de-assis.html. Acesso em: 17 dez. 2020.

176 UOL. Uma década sem José Saramago: 10 citações para conhecer melhor o escritor. 18 jun. 2020. Disponível em: https://entretenimento.uol.com.br/colunas/pagina-cinco/2020/06/18/uma-decada-sem-jose-saramago-10-citacoes-para-conhecer-melhor-o-escritor.htm. Acesso em: 17 dez. 2020.

177 TAVARES, Gonçalo M. Diário da Peste. A história não funciona assim. Expresso, 13 jun. 2020. Disponível em: https://expresso.pt/opiniao/2020-06-14-Diario-da-Peste.-A-historia-nao-funciona-assim. Acesso em: 17 dez. 2020.

178 Disponível em: http://revistaquestaodeciencia.com.br/?idtag=fdad1184-95a2-4eae-9fd2-98936f14a376&gclid=Cj0KCQiA8dH-. Acesso em: 17 dez. 2020. BRD_ARIsAC24uma75OOx1nbQ6mxbvbUUkC8yjjfzWGXs1UUNCYukyhWd09o3c_z6BNgaAqSvEALw_wcB. Acesso em: 17 dez. 2020.

179 Disponível em: https://expresso.pt/opiniao/2020-06-21-Diario-da-Peste.-Diante-do-acontecimento-ficar-atento-e-em-pe.

180 MARS, Amanda. Trump incita divisão na véspera do 4 de julho e denuncia "o novo fascismo da extrema esquerda". 4 jul. 2020. Disponível em: https://brasil.elpais.com/internacional/2020-07-04/trump-incita-a-divisao-na-vespera-do-4-de-julho-e--denuncia-o-novo-fascismo-da-extrema-esquerda.html. Acesso em: 17 dez. 2020.

181 ESTADÃO CONTEÚDO. Sem titular há 50 dias, Saúde defende cloroquina e abandona isolamento. Exame, 4 jul. 2020. Disponível em: https://exame.com/brasil/sem-titular-ha-50-dias-saude-defende-cloroquina-e-abandona-isolamento/. Acesso em: 17 dez. 2020.

182 WINGFIELD-HAYES, Rupert. Coronavírus: com poucos testes e sem lockdown, qual o mistério por trás da baixa mortalidade no Japão. Época, 6 jul. 2020. Disponível em: https://epoca.globo.com/mundo/coronavirus-com-poucos-testes-sem-lockdown-qual-misterio-por-tras-da-baixa-mortalidade-no-japao-24517374. Acesso em: 17 dez. 2020.

183 GOODMAN, Al. Suposta imunidade de rebanho é 'inatingível', diz estudo espanhol. CNN Brasil, 6 jul. 2020. Disponível em: https://www.cnnbrasil.com.br/saude/2020/07/06/estudo-espanhol-da-covid-19-mostra-evidencia-contra-imunidade-de-rebanho. Acesso em: 17 dez. 2020.

184 ARMINDO, Benjamin. 'Bêbados não cumprem distanciamento social', diz associação policial após bares reabrirem na Inglaterra. Nova África, 6 jul. 2020. Disponível em: https://www.novafrica.co.ao/mundo/bebados-nao-cumprem-distanciamento-social-diz-associacao-policial-apos-bares-reabrirem-na-inglaterra-veja-mais-em-https-noticias-uol-com-br-ultimas-noticias-bbc-2020-07-05-bebados-nao-cump/. Acesso em: 17 dez. 2020.

185 ESTADO DE MINAS. Padre chama Bolsonaro de bandido: Quem votou nele deve se confessar. Correio Braziliense, 5 jul. 2020. Disponível em: https://www.correiobraziliense.com.br/app/noticia/politica/2020/07/05/interna_politica,869642/padre-chama-bolsonaro-de-bandido-quem-votou-nele-deve-se-confessar.shtml. Acesso em: 17 dez. 2020.

186 CASTRO, Daniel. Bonner dá sermão por 50 mil mortos por Covid-19: 'História vai registrar negligentes'. Notícias da TV, 20 jul. 2020. Disponível em: https://noticiasdatv.uol.com.br/noticia/televisao/historia-vai-registrar-negligentes-diz-bonner-sobre-omissao-com-mortos-da-covid-19-38212. Acesso em: 17 dez. 2020.

187 Disponível em: https://www.jornalismo.art/. Acesso em: 17 dez. 2020.

188

189 GUGLIANO, Monica. Vou intervir!: o dia em que Bolsonaro decidiu mandar tropas para o Supremo. Piauí, ago. 2020. Disponível em: https://piaui.folha.uol.com.br/materia/vou-intervir/. Acesso em: 17 dez. 2020.

190 REUTER. Em pânico, Europa se prepara para segunda onda de Covid-19". R7, 14 out. 2020. Disponível em: https://noticias.r7.com/internacional/em-panico-europa-se-prepara-para-segunda-onda-de-covid-19-14102020. Acesso em: 17 dez. 2020.

191 UOL. Alemanha limita festas e restringe bares para conter covid-19. 14 out. 2020. Disponível em: https://noticias.uol.com.br/ultimas-noticias/ansa/2020/10/14/alemanha-limita-festas-e-restringe-bares-para-conter-covid.htm. Acesso em: 17 dez. 2020.

192 UOL. Itália tem maior número de casos de covid em 24h desde o início da pandemia. 14 out. 2020. Disponível em: https://noticias.uol.com.br/ultimas-noticias/ansa/2020/10/14/italia-bate-recorde-de-exames-e-casos-de-coronavirus-em-24h.htm. Acesso em: 17 dez. 2020.

193 MIRANDA, Giulia. Portugal decreta estado de calamidade e aperta restrições contra a covid-19. 14 out. 2020. Disponível em: https://valor.globo.com/mundo/noticia/2020/10/14/portugal-decreta-estado-de-calamidade-e-aperta-restricoes-contra-a-covid-19.ghtml. Acesso em: 17 dez. 2020.

194 ESTADO DE MINAS. França restabelecerá estado de emergência a partir do dia 17. 14 out. 2020. Disponível em: https://www.em.com.br/app/noticia/internacional/2020/10/14/interna_internacional,1194520/franca-restabelecera-estado-de-emergencia-a-partir-do-dia-17.shtml. Acesso em: 17 dez. 2020.

- editoraletramento
- editoraletramento
- grupoletramento
- editoraletramento.com.br
- company/grupoeditorialletramento
- contato@editoraletramento.com.br

- casadodireito.com
- casadodireitoed
- casadodireito

Grupo Editorial **LETRAMENTO**